不做作，用真話換真心

說對話，用真心溝通更無價！

Let's talk with happiness!

人際關係諮商師
何筱韻 著

preface

作者序

Let's talk with happiness!

說好話，讓彼此的心更靠近

在多年的諮商經驗中，我最常被問到的問題就是：「為什麼他都不聽我說？為什麼他無法理解我的用心良苦？」這是因為，許多人都習慣從自己的角度看待他人，而忽略了人際互動最基本的道理：良好的溝通，並非是單向的說，而應該是雙向的討論與交流。

當彼此的關係出了狀況，需要修正的絕對不會只有其中一方。然而，若是當面指責對方說：「你怎麼可以這麼說呢？你應該要改進！」以此來強迫他人改變態度，不但對增進關係毫無助益，甚至可能引起反效果。

事實上，我們對待一段關係的心態，通常才是主導談話走向的關鍵。不要小看每個溝通的細節在互動中造成的影響，無心的一句話可能帶來難以想像的巨大傷害，即使事後竭盡所能去彌補，也未必可以完好如初。

因此，將自己放在對方的立場上，將心比心，以善待自己的態度來體貼別人，才是改善關係的不二法門。從貼近自己的心出發，先學會跟自己好好溝通，才能進而懂得該如何和他人用心互動。當我們知道怎麼對待自己會覺得比較好過時，便會深刻地了解到，應該用何種態度讓身邊的人也同樣感到愉快。

當然，我們無法預先知道別人真正的想法，大多數人都習慣掩飾自己，或者想說卻說得辭不達意。因為說錯一句話而導致往後一連串慘劇，因為忽略一件小事而和幸福擦身而過，如此誇張的情節，在生活中卻無時無刻都在上演。這時若是能運用一些溝通上的小技巧，不但能讓雙方聊得賓主盡歡，也能更輕鬆的達到這次談話的目的。如果還能因一次的談話，打通彼此友誼的橋樑，讓情誼得以延續，豈不更是美事一樁？

為了能有效應對各種突發狀況，我在這本書中提供了一套適用於生活中大多數關係的溝通守則，無論是對另一半、對父母、對小孩、對朋友，甚至是對不太熟的陌生人，都可以應用書中的方法，拉近彼此的距離。書中的內容，除了有大家都很想知道、可以盡情聊天的談話訣竅，也加入了能讓自己以自信面對他人的自我激勵法。只要運用一點小技巧，即使是生性害羞內向的人，也能輕鬆自在的與陌生人談天。

在每一篇的末尾，我也列出了可直接應用的正確句型及小提示，並與平常我們經常講錯的話互為對照，讓你不必費心思量也能立刻找到出錯的關鍵，進而得以對症下藥、改善問題。如此一來，就能避免再次陷入莫名其妙說錯話而遭人白眼的窘境。

只要勇敢將自己的想法與感受用正確的方式表達，就能大幅改善你的人際關係。與其徒勞地抱怨與責罵，不如學會溝通的藝術，當對方感受到你的善意，讓你通往他人內心的那扇門，也會跟著開啟。

何筱韻

contents

目錄

Chapter 01

與內在談心，和自己成爲最棒的麻吉

Let's talk with happiness!

Chapter 02

心態對了，就不怕在人際關係中遭遇挫折

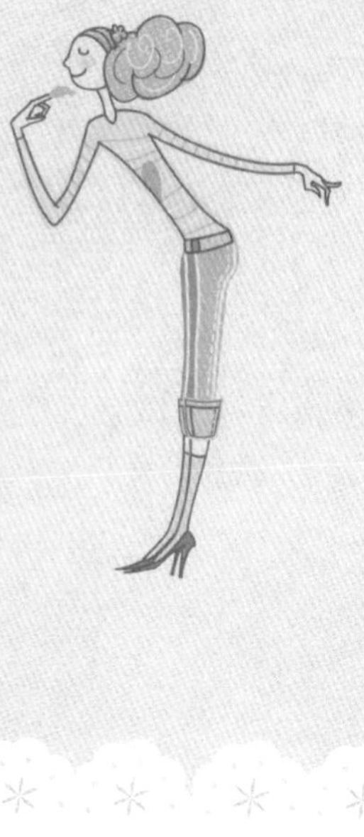

contents
目錄

Chapter 03

互動加入小巧思，即使被拒絕也不失面子

Let's talk with happiness!

Chapter 04

打開心胸擦亮雙眼，創造完美溝通的契機

contents
目錄

Chapter
05

這樣做，不必說話漂亮也能打動人心

Let's talk
with happiness!

Chapter 06

塑造好感的聊天絕招，讓你我的心零距離

Chapter 01

與內在談心，和自己成爲最棒的麻吉

懂得與自己共處，就會懂得如何與人和諧相處。
學著溫柔的照顧自己，不過分地苛責，不過度地嚴厲，
用好話輕撫心靈。
當心情輕鬆了，待人的態度也會更柔軟、自在。

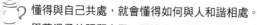

與心對話，為努力的自己加油打氣

給疲憊的心一點鼓勵，它就得到了繼續前進的勇氣。

保羅・帕茲在二〇〇七年《英國達人秀》這個選秀節目一炮而紅前，是一位窮困潦倒的手機銷售員。那一年，他三十六歲，身材矮胖，長相平凡，因為切除腎上腺腫瘤手術及盲腸炎的醫藥費，積欠了數萬英鎊的鉅額債務。

他從小就因相貌不佳、說話結巴而受盡欺侮，唱歌是他生活中唯一的慰藉。成年後，他為了一圓成為歌劇演唱家的夢想，因此不遠千里到義大利拜師學藝，但現實的打擊卻接踵而至，消磨了他僅存的自信。他常常問自己：「我是為了什麼而活？」但心中總有一個小小的聲音回應他：「不要放棄。」

後來，在知悉《英國達人秀》公開招募參賽者的消息時，他驚覺到：這或許是我最後的機會了！只要曝光，就有出道的機會，如果真的贏得獎金，還能償還積欠的債務。比賽當天，他穿著三十五英鎊（約台幣一千六百元）買來的廉價二手西裝，神情緊張的上台。簡陋的舞台上沒有任何眩目的燈光和舞台效果，站在台上的他心想：「反正，上帝不會讓奇蹟降臨在我這樣平凡的人身上。現在的我，只管開口唱歌就好。」

當他唱完了那首連世界男高音都認為高難度的名曲《公主徹夜未眠》，兩千名觀眾起立鼓掌，如雷的掌聲響徹雲霄。他最終獲得了該季總決賽的冠軍，甚至受邀在英國女王的御前獻唱。

即便外在環境異常艱困，磨滅了我們的意志，也不會有人真的願意放棄自己。每個人的心中，始終都埋藏著一抹希望的微光，只要發掘它，就能讓你發光發熱，如同保羅．帕茲那樣，用熱忱與聽眾交流，進而感動了全世界。

信賴自己，是人際互動間最重要的基礎，因為這份信任會投射到對方身上，淨化彼此的猜忌之心。你看待自己的態度，其實會在無形中影響他人對你的觀感，這一點無庸置疑。從現在開始，在與他人用心對談前，先觀照自己的內心。你會發現，所有的事情似乎都已開始好轉。

透過語言的力量，啟動生命奇蹟

在我家附近，有一家頗受好評的耳鼻喉科診所，診所的主治大夫張醫師不僅看診仔細，態度也十分親切。張醫師跟大部分醫師不同的是，當他開完處方，一定會和病人詳細說明每一種藥品的藥效和使用方式，最後一定會再附上一句：「不用擔心，只要多喝開水、多休息、按時吃藥，一定很快就會好轉的。」神奇的是，相似的症狀經過張醫師診治，復原速度大多出乎預期。

我原以為是張醫師開的藥效比較強，才有這種效果。然而，某天在閱讀心理治療相關書籍時，恰巧讀到法國心理治療學家愛米爾．庫埃的研究結果，才忽然明白這奇妙的療效其來有自。

庫埃醫師請經診斷後的病患每天在心裡告訴自己：「我一定會越來越好！」透過這樣的自我暗示治療，成功治癒了許多重症患者。因為在與自己對談時，這些患者會在腦海中想像未來疾病好轉的樣子，而增加了療效。這件事也告訴了我們，口語表達可以改變自我意識，甚至能扭轉事情最終的結果。因為對自己使用正向的語言，就像一種自我暗示，會促使自我意識轉往正面的走向。

就像在失意時，跟自己說：「你真的好辛苦。」或是「加油！馬上就會好起來了。」這兩段話造成的效果截然不同。前者只是在向自己述說「我好辛苦」的心情，但後者卻能創造出「因為我很努力，所以未來會變得更好」的想像，受到激勵後的自己，當然更能集氣重新站起來，向目標繼續奮鬥，自然離夢想更接近。

若老是責怪自己的不是，那麼結果肯定不會符合我們的期望。即使無法做到盡善盡美，也已付出了全部的心力，又何須再和自己過不去？自我反省並沒有錯，但若不斷追究自己的失誤，因為無法改變的過去而耽溺在悔恨之中，甚至害怕再次失望，因此對未來抱持悲觀的想像，用曾經失敗的經驗來推估事情的後續發展，等同於主動放棄了可能改變的機會。

與人相處也是相同的道理，因為關係的品質，是可以被扭轉的。即使前一刻仍劍拔弩張的兩人，也會因其中一方主動釋出善意，在下一刻重新言歸於好。請不要認為，對方的態度絕不可能改善，因為你的一言一行，在在都影響了他的反應。

當你願意告訴自己：「只要我做出努力，關係一定會有所好轉。」如此一來，讓冰冷的關係逐漸回溫，就只剩時間的問題而已。

不論是面對生命的困頓，或是關係處於僵局的時刻，與其負面埋怨，不如再給自己或彼此一個機會。有時候，能否在最關鍵的時刻逃過自己的心魔？或是一段情誼能否持續深入？就在你的轉念之間。一個懂得貼近自己的心的人，永遠懂得率先體貼別人的心。為至今努力至此的自己加油打氣，你就是自己的最佳應援團！當你溫暖了自己，才能感動別人的心。

好感度up教室

我對自己沒有信心，所以總是表現不佳，該怎麼辦才好？

O ➜「我很棒，所以一定會表現得很好！」

Tip 持續給自己打氣，並想像下一次做得更好時的景象。

X ➜「沒關係，下次再做好就可以了。」

Tip 這麼說看似沒有問題，但一再將希望寄託於未來，無疑是一種逃避現況的心理，並不能真正收得成效。

幫助別人是快樂的，接受幫助是勇敢的

心懷感激的接受恩惠，等有能力時再給予回報就好了。

哈利大學時獨自一人到了北京求學。某年學校放假時，因為買不到機票回家，母親交代他到親戚家暫住。不過，親戚的家路程遙遠，從學校附近搭火車，至少要十幾個小時才能到達。

在火車上哈利一路睡睡醒醒，好不容易到了晚餐時間，車廂的服務生推著餐車過來叫賣便當，服務生問哈利：「先生，您需要便當嗎？有五元及十元人民幣兩種。」哈利點了五元的便當，但一摸褲子口袋，卻發現口袋裡的錢全都不翼而飛。他不自覺的驚喊：「我的錢被偷了！」便連忙對服務生搖手說不必了，因為他沒有錢買便當。

此時，鄰座一位中年婦人對他說：「同學，我這裡還有五元零錢，我幫你買個便當吧！」這時，哈利發現附近的人都在看著他，立刻羞紅了臉，拒絕了那位婦人的好意。不久後，他便因為飢餓而頭暈目眩，但車還沒到站，只好以水裹腹。

到了早餐時間，哈利藉機跑到洗手間，以避免碰上別人都在吃飯，卻只有他餓肚子的尷尬場面。午餐時，他又故技重施，但等他從洗手間回來後，那位中年婦人卻走了過來，附在他耳邊小聲的說：「同學，我買個便當給你吃吧！再不吃東西，你的身體會撐不住的。」哈利依然婉言謝絕了對方的好意。

後來，火車抵達了某個大城市，哈利看見婦人正準備下車。臨走前，她將手中的一本雜誌交給哈利，並說：「這本雜誌我已經看完了，就送給你吧！」說完，她就離開了。

當火車重新啟動後，哈利打開雜誌，赫然發現裡面夾了五十元人民幣，還有一張紙條。紙條上寫著：「同學：『幫助別人是美德，但有些時候，接受別人的幫助，也是一種美德。拒絕別人的善意，有時可能會傷了對方的心。』」

人生在世，沒有人能單憑自己的力量走完全程。從出生開始，我們就已在依靠別人，接受別人的關懷與照料，才能平平安安的長大。既然如此，在急需救援、別人又已伸出援手的狀況下，為什麼不坦率的依賴別人呢？美國詩人亨利．朗費羅更為此下過一個貼切的註解：「自助與受助，一個人的獨立性與依賴性，兩者看似互相矛盾，卻也是相輔相成的。」

有些人會因為自尊或是無謂的面子問題，覺得自己的付出與否代表能力，卻認為別人的好意是一種施捨，接受了就代表示弱，等於承認自己的失敗。他們擔心以後會被人看輕，因此拒絕讓旁人支援。

然而，逞強，並不能讓人成為強者；真正的強者，不會因自己的不足而感到羞恥，甚至樂於借他人之力，來成就圓滿。其實，接受他人的好意，需要很大的勇氣，因為你敢於顯露自己的不完美，給對方助人的機會，讓他可以看見最真的你而能親近你，認識你，與你結緣。

有時候，坦然接受別人的幫助，更可以拉近距離或化解隔閡。

因為大多數人通常認為，只要我們對別人能夠真誠、和善，盡量去幫助別人，那麼他們就一定會喜歡我們，但事實卻不是如此。能夠幫助別人固然有德，在必要的時刻，坦然接受別人的善意，情感才能互通有無。

例如：當我們在某些事情上接受了朋友或者同事們幫助時，往往會覺得與對方的關係更進一步，因為你也藉此了解到，在最危急的時刻，誰才是仍舊以真心相待的人，而更珍惜這份情誼。

讓他幫助你，他也會感受到助人的快樂

新聞曾經報導，一戶人家因為不堪貧病交迫，全家集體以上吊及燒炭的方式自殺，無一人存活。親友悲痛地向記者表示，這個家庭明明生活得非常困苦，卻拒絕接受別人幫助，因此逼得自己最後走上絕路。

記得自己聽老一輩的人講過：「不要隨便讓別人幫忙，否則欠了人情，以後拿什麼還人家？」這段話，似乎就是那個悲劇家庭的寫照。

覺得自己不夠好，沒有什麼有價值的東西能回報別人，怕還不了積欠的人情債，因此拒絕接受援助。因為沒有自信，又太過在乎現實利益的等價交換，在拒絕

別人的當下，也漸漸拉開了自己與親朋好友的距離，封閉在自己的世界裡，獨自承受生活的艱難與辛酸，才導致了如此令人心痛的結局。

其實，適時接受別人的幫助，也是一種將心比心的態度。試想，如果你是對方，眼見有人承受如此苦楚，自己卻無法伸出援手，你又會有什麼感覺呢？一定非常難受吧！

所以，我們何不換個角度想：受到幫助，並不是欠人情，而是接受了他人的恩惠。何況對方在幫助你的過程中，也能感受到助人的喜樂，一句真心的「謝謝」，就是最大的回饋，你又何必執著於虧欠對方的情緒中呢？只要抱著「受人點滴，湧泉以報」的感謝之情，待他人有需要時，於能力範圍內盡力給予支援，就已經足夠。

因為接納別人的善意，自己就多了一次與外界交心的機會。就像那戶貧苦的人家，其實身邊不乏眾多樂於助人的好心人。他們的鄰居中，有位經常義務提供低收入戶餐食的婦人，只要向她求援，至少三餐足以溫飽；社會局的工作人員也會不時到訪，關懷他們的生活情況，甚至額外為他們申請了急難救助金；而兒子工作過的工廠，也為因病辭職的他，暫時保留著原有的職位，等待他痊癒後，就可以立刻復職。他們的處境，並沒有自己認為的那麼絕望。只要打開心門，人情溫暖早已匯聚身旁，能夠馬上緩解過不去的難關，改寫一家人的未來。

只要將收到的恩情感懷於心，待景況好轉時，再讓這份善意迴流到對方心中，告訴他：「那時你對我伸出了援手，我一直非常感激。所以，這次換我來幫助你。」好感將會在互助的迴圈中，慢慢滋長，逐漸厚實。

好感度up教室

我無法坦率接受別人的好意，該怎麼克服虧欠的心理障礙？

O → 「原來我身邊，有這麼多關心我、願意助我一臂之力的人，我好幸福！」

Tip 接受他人的幫助不等於失敗，只代表你不是孤立無援。

X → 「還是不要好了，我怕欠了人情，以後還不起。」

Tip 用害怕欠債的心情拒絕別人，反而會傷了彼此的關係。

與親切的人為友，好人緣就會自動上門

把最有親和力的好友當成行為指標，學久了就會是你的！

好友溫蒂與丈夫曾一度傳出婚變，當時與丈夫分居的她，每天都茶飯不思，整整瘦了一大圈。擔憂不已的家人因此帶她去找一位頗富盛名的靈性治療師，希望能尋求一些有用的建議及指引。

心事重重的溫蒂告訴治療師：「我不想放棄這段婚姻，但我和他之間的隔閡已經太深，根本無從化解……。」在治療師的引導下，溫蒂將心中的悲傷一點一點的傾吐了出來，情緒也漸漸平復下來。

在面談告終時，治療師親切的告訴她：「悲傷會累積負面能量。當妳沉浸在負面能量的循環中，無法自行脫離其實是非常正常的事，妳不必為此感到沮喪，更不需要一再否定自己。」

治療師看見溫蒂臉上微露欣慰的表情，便再度開口：「想要趕走身邊已經累積的負面能量，吸引外在的正面能量來幫助自己，是最好的辦法。妳可以和身邊婚姻幸福的人多多相處，學習他們面對困難與衝突時的解決之道，那麼，幸福一定離妳不遠。」

溫蒂聽了治療師的建議，不再專注在過往的悲傷回憶上。她開始觀察身邊那些感情和睦的親友，詢問他們伴侶間的相處之道，也逐漸發現，幸福其實沒有想像中那麼難得。溫蒂開始擁抱感情的正向能量，更在心底告訴自己：「我值得擁有更好的幸福。」不久後，她與丈夫間的關係便漸漸冰釋，笑容也再度回到她的臉上。

溫蒂曾經感慨地告訴我：「那時的我，下意識地認為自己已經不可能再擁有幸福，也在無意間把改善關係的機會都拒於門外；但是，當我真心相信自己一定能幸福，即使沒有刻意去追求，機會也會主動來到我身邊。」

只要發自內心的相信自己值得，那麼世界就會呼應你的期待，這便是吸引力法則的真義。願望擁有超乎我們想像的力量，當你真誠的祈求好事發生，那麼未來就肯定會朝好的方向前進。

你可能會說：「哪有可能這麼順利呢？我每次都祈禱好事來臨，但往往發生的都是壞事啊！」這是因為，你並不是真心相信好事會輕易降臨。

人們通常抱持著「既期待又怕受傷害」的心理，為了不讓自己承受失望的打擊，所以習慣預想最糟糕的狀況，卻忽略了未來也有轉好的可能性。明明好事和壞事都有可能發生，我們卻總是放大壞事發生的機率，最後的結果當然會回應我們的期待——情況變得更糟了。

與他人相處，也是相同的道理。若是我們認定無法和某個人相處融洽，那麼十之八九會和他處不好。

當你在心中為對方塑造了片面的刻板印象，你也同時在彼此間築起了一道無形的圍牆，若沒有一方主動設法拆除，那道牆就會一直存在。倘若你一開始就相信自己和對方能愉快共處，沒有了無端的警戒心阻擋，關係自然能漸入佳境。

讓最有親和力的人當榜樣，把好關係具象化

無論你尋求的是一段幸福的感情，或者是與他人建立良好的友誼，實現期望的契機，都在於你是否真的相信願望會成真，並確實的知道自己已走在實踐願望的道路上。

舉例來說，當你所想的是：「希望對方不會拒絕我。」你心中描繪的其實是被對方拒絕的情形。

但要是把想法轉換成：「我一定會和他相談甚歡。」這時在腦海中出現的就會是和對方愉快對談的景象。當你將想像中的善意行動化為實際，讓對方感受到你的真誠，那麼未來當然能照著你的預想順利進行了。

雖然看似簡單，但許多人可能還是無法消除心中的疑慮。為了讓想像成為實際的行動，你可以從周遭的人們中，找一個你認為人緣最好、最具親和力的人，將他和別人相處的方式作為你與他人互動的參考。

請把你自己當成他，想像你正以如此游刃有餘的方式與人交往，並模擬對方的反應。如此揣摩數次之後，再把練習的心得運用於真實的情況。這個模式會逐漸內

化到你的行為中，而透過這樣的演練，也能讓你面對他人時更有自信。

總之，想要擁有好人緣，一定要先從自己出發。透過學習良好的互動，讓自己也能成為一個人見人愛的人。當你相信並且喜歡自己，那麼適合你的朋友，就一定會主動聚集到你身邊。

好感度up教室

想讓他人樂於接納自己，應該怎麼自我教育？

O →「我一定能像他們一樣，成為大家喜歡的人。」

Tip 先替自己打一支激勵的強心針，再觀察、學習別人自然的互動，自然有助於融入團體。

X →「不要奢望他人輕易接受我，我沒那麼好運，實際一點比較好。」

Tip 不斷地認為自己很衰，又不願意踏出友善的第一步，與別人自然零交集。

鼓勵和讚美，也要說給自己聽

在日本的傳統信仰中，有「言靈」一說。日本人認為，說出口的語言便會成為力量，使事情一言成讖，也因此養成了日本人「謹言慎行」的民族性。而在佛教中也有所謂「口業」的說法，將亂說話這件事視為是在替自己製造業障，未來必須為此付出代價，用以警惕世人切勿信口開河。

雖然這些都只是信仰之說，端視個人相信與否，但不可諱言的，語言的確具有強大的力量，「一句話可以成事，一句話也可以壞事」這個說法其實一點都不誇張。你應該也看過有人因無意中聽到一句話而瞬間暴跳如雷，或者因他人的一句話而情緒低落好幾天吧？所以，不說會造成傷害的話，是讓事情好轉的必要步驟。

即使事情一時的發展不如預期，結果也不等於失敗。就像烹飪時，不管使用任何材料，最後肯定都能煮出料理，差別只在於它是否符合我們對於「美觀」或「美味」的預期。如果能從這個角度看待自己，就不致於對自己說出過於苛刻的話。

另一方面，對自己說「好話」，則是讓事情往期望發展的契機。

中國的過年習俗中，說「吉祥話」是非常重要的一部分。小孩子要說了吉祥話，才能向長輩領取壓歲錢，而大人們在打招呼時，也會彼此祝賀，希望對方來年能一切順利。這便是將「祝福」化為正向的「語言的力量」。既然無論好事或壞事都是一句話，何不選擇說好話呢？不要過度責備自己讓心承擔過重，反而無益身心、無助現實，而要透過肯定的語言，讓你對自己的期待逐漸轉變為現實。

用鼓勵和讚美善待自己

當聽到別人說：「你做得很好哦！」、「你真的很努力呢！」我們總是能因此受到鼓舞，這也會成為我們堅持下去的原動力。但是，努力並不是每次都能被人看見。來自他人的讚美，就像雨露，可以滋潤我們乾涸的心田，但自己每日辛勤的灌溉與照護，才是心苗賴以維生的關鍵。與其等待他人施予讚美與鼓勵，不如先肯定自己付出的辛勞。

好話不只能溫暖別人，在自己身上也同樣受用。在失意的時候，用正面的話語來鼓勵自己，會為自己帶來信心。把「希望自己不再悲傷」換成「我一定能過得更快樂」，或是將「我一定不能失敗」以「我相信自己會成功」來取代，雖然兩者看來並沒有明顯差異，但把否定句換成肯定句，更能增強自我鼓舞的力道。

讚美也是相同的道理。與其說「我做得不錯，但還有進步的空間」不如告訴自己：「你做得很好，而且會一次比一次更好！」雖然剛開始會感到有些害羞，因為在傳統思維中，讚美自己是自視甚高的表現，但真的不需要對自己太過吝嗇，表現傑出的時候，就勇敢讚賞自己吧！

若是結果不如預期，我們也應該從中尋找值得我們收藏、學習的事物，或將其作為人生的借鏡。就算是類似「因為天雨路滑，騎車行經馬路人孔蓋時不幸摔車」這樣的倒楣事，也可以獲得「以後下雨時，就盡量迴避馬路上的人孔蓋」的積極作為，讓負面能量在轉瞬間啟動正面的循環。

會帶來難受情緒的責難，其效果是遠遠比不上可以激發前進動力的鼓勵話語。如同在父母言語恫嚇下表現乖巧的小孩，只要父母一離開，就開始想要造反；但若選擇鼓勵，就能成功引發小孩自動自發變得更好的意願，其效果就能維持的既長且久。這個原則，無論在自己與他人身上都同樣適用。

當我們知道該如何運用正向語言，激發自己深藏於內在的潛動力，我們也將會明白，當他人陷入困境時，應如何幫助對方走出陰霾，而當他人值得讚美時，又應如何表達欣賞、分享彼此的喜悅。習得可以補充能量的魔法話語，不僅能為自己增添活力，也能成為支援對方的一大助力。

好感度up教室

我該如何肯定自己，提昇自信以利關係進展順利？

O → 「今天的我會做得比昨天更好。」

Tip 用正向的肯定句與自己對話，以激發自己想要變得更好的念頭。

X → 「明天我絕對不能表現得比今天還糟。」

Tip 因為沒有放入對「更進步」的期待，只消極避免讓情況更糟，而讓自己不進則退。

調整好情緒再上場，就能冷靜應對不凸槌

情緒NG時先冷靜
下來，不要把壞情緒
帶進互動中。

一位國際知名的企業家，行事風格向來以穩健著稱。他的思慮縝密，決策精準，因此他經營的企業即使在經濟蕭條的時期，依然能維持穩定的成長。

在企業家即將退休時，公司為他舉行了盛大的榮退酒會。酒會中，主持人請他上台分享幾十年來讓公司屹立不搖的成功秘訣。

這位企業家只是微微一笑說：「其實，我並沒有什麼過人的秘技，但是這麼多年來，我始終堅持一個原則，那就是我絕不在情緒激動時，與別人討論重要的事務。」

只要細心觀察，你就可以發現，當自己或旁人處在激動的情緒中，不僅容易判斷錯誤，也會因衝動說出悖離初衷的無心言語。一言既出，駟馬難追，即使事後發現自己說錯了話，再來後悔卻也為時已晚。

西方俗諺云：「不在憤怒時作決定，不在高興時輕許諾言。」因為過激的情緒無論好壞，都容易壞事。

這讓我想起一則國外的笑話，它的大意是這樣：

某個地區正遭逢白蟻肆虐，因此產自該地的木材近來都賣不到好價錢。有個樵夫認為自己明明已經拼命工作，卻賺不了什麼錢，因此感到非常不滿。

某天中午他因為當下困窘的經濟狀況對妻子發脾氣，搞得妻子也進而遷怒於正在廚房煮飯的女兒。

女兒被爸媽的壞情緒牽連，導致心神不寧、忿忿不平，在炒菜時竟不小心多放了一匙鹽。這下子，樵夫更加生氣了。他心想，自己已經夠淒慘了，家人竟然連頓飯都煮不好。

他憤怒的上山砍柴，邊砍還邊連聲抱怨。情緒激動下，讓斧頭不小心失手飛了出去，結果砍中了一個路人。不巧，這個路人竟是鄰國前來訪視的王子，鄰國國王因此大為震怒，一氣之下派兵大舉進攻，一場國家大戰就此爆發！

沒想到，因為一個人的情緒竟禍延整個國家，讓人既好氣又好笑。然而情緒的確會在彼此之間相互傳染，最終仍舊會回到我們身上。而且越是激動的情緒，反彈的力道也會越大。

無論我們成長到哪個階段，處在情緒之中，所有的表現都會像個六歲孩童，如同在歲月中積累的智慧與儀態都瞬間退化一般，不成熟也無所節制。尤其在情緒不佳時，平日不會出口的惡意言詞，都會像鋒利的刀劍一般刺向他人。當對方無端遭受情緒攻擊，理所當然會產生埋怨和不滿，也根本不會想再和你共處。

因此，學會如何避免自己的壞情緒成為與他人相處的包袱，理性的對待和自己接觸的每一個人，旁人與你互動時也會感到安適而自在。

受到別人的壞情緒攻擊，先想「他不是在針對我」

有段時間，我經常搭乘公車通勤，在上下班時間，車上總是擠滿了趕時間的人群，因此容易相互碰撞，甚至不小心踩到別人的狀況不時也會發生。平時我遇到這種情況，總會以微笑帶過，但有一次腳趾受了傷，卻不得已必須坐公車，危機就出現了。

那天，一名女學生在公車裡奮力前進，經過我旁邊時，不小心一腳就踩在我受傷的腳上。我痛得大喊出聲，憤怒的看向那名女學生。只見對方一臉驚慌，連聲向我道歉，急著下車的她因此顯得更加慌亂，在匆忙間又碰撞到更多的人，好不容易才下了公車。

看著女學生沮喪的背影，我忍不住開始思考：為什麼我會有這麼大的反應？答案顯而易見：因為我原本就帶著傷，而她在無意間碰觸到了我的傷口。她並不是故意的，我的情緒也並非因她而起，否則為什麼平常被踩到腳都認為無所謂，卻在那時有了這麼大的情緒反應？

這也提醒了我一個道理：當受到他人沒來由的情緒拖累，我們應該優先思考的是：「他其實不是在針對我」。對方之所以如此敏感，會有這麼激烈的情緒，很可能是因為他的心裡有舊傷，而你不小心刺激到了尚未痊癒的傷口。他已經很疼了，並且一定很努力地想要康復，你又何必再與他計較，讓自己也跟著情緒失常？

下次若是再被掃到颱風尾，請在心裡對自己說：「他並沒有惡意，只是傷口還在疼，因此心情不好而已。」給對方多一些體諒和關懷，也給自己冷靜的空間。待對方心情平復了，他會感到內疚，更會因你的包容而心懷感謝。人生在世，必須不斷地面對各式各樣的挑戰，也難免產生壞情緒。若是為此而與他人斤斤計較，或許能爭到一點面子，卻搞壞了自己的心情，有時甚至會輸掉一段美好的情誼，得不償失。不如把爭吵的力氣，放在建立與維繫彼此的關係，在贏得他人好感的同時，更豐盈了自己的心。

好感度up教室

想避免個人情緒影響關係互動，該如何提醒自己？

O → 「我現在能夠心平氣和的與別人溝通嗎？」

Tip 在和他人接觸前，先檢視自己的情緒，讓心情平靜下來，後續與人談話時就不會自亂陣腳。

X → 「雖然我還在生氣，但忍耐一下也就過去了。」

Tip 把壞情緒置之不理，就容易在談話時誤解對方的用意，影響了溝通品質，更容易造成彼此的嫌隙，得不償失。

習慣微笑，向大家發出友誼的邀請函

經常提醒自己保持微笑，他人也會想和你多多親近。

貝拉是個非常害羞的女孩。她新到職的辦公室環境比較封閉，因此她總是孤單一人，獨自默默的工作著，幾乎沒有和同事往來的機會。

但貝拉其實很怕寂寞，非常渴望和別人成為朋友，因此看到同事們彼此談天說笑、其樂融融的樣子，她就感到非常羨慕，但是卻沒有勇氣主動開口和同事們聊天。過了幾週，貝拉終於對自己說：「不可以再維持現狀了，妳必須有所突破。勇敢走出去，和大家打打招呼吧！」

她做了個重大的決定——每次只要她走到茶水間時，就會和沿路遇見的人微笑打招呼。當她開始採取行動後，同事們也會回以親切笑容和問候，轉眼間，貝拉竟覺得整個辦公空間就像灑滿陽光般明亮溫暖。

因為拉近了和同事間的距離，也交到了更多朋友，貝拉越來越覺得這份工作不僅有趣，還更有意義。

微笑是什麼？它是自信、熱情、活力，是幸福的象徵，是友善的語言。微笑就像無價的禮物，只能給予，無法索取，否則便失去了意義。它能幫你散播歡樂，聯繫情誼，引導你創造美好的人生。你只需要輕鬆揚起嘴角，讓愉快的感受從心底延伸、分享，就能讓所有遇見你的人都如沐春風。

有人會說：「怎麼可能呢？我天生就不適合微笑，笑起來比不笑還難看。」其實，這並不是因為他長了一張不適合微笑的臉，而是因為他不喜歡自己。無論如何，笑一笑吧！即使有些刻意也沒關係。當你習慣了微笑，喜歡自己的心情就會油然而生，你的笑容也會更加燦爛。

讓微笑幫你說YES

某一天，美國前總統傑佛遜帶著幾名官員，騎馬到鄉間進行田野視察。途中，他們必須橫越一條河到達對岸，但是連接兩岸的橋卻斷了。這時有人提議，大家只要抱著馬渡河，就能避免滅頂的危機。

正當大夥準備行動時，一名農夫湊巧來到這條河邊，也發現河上的斷橋已無法通行。他看了看總統一行人，接著逕自走到傑佛遜總統面前，向他說：「您好，請問能讓我和您抱著同一匹馬渡河嗎？」總統相當和善的答應了他。

到了河對岸，一名部長便問農夫：「你怎麼知道一開始總統先生會幫你的忙？」農夫聽了大感驚訝：「原來這位就是總統先生嗎？我不知道。」農夫左看看，右看看，最後將目光停留在傑佛遜總統身上：「因為我只在他的臉上看見YES，其他人臉上則一律寫著NO。」

微笑就像一封邀請函，能吸引他人前來和你建立友誼。它能創造接納的氛圍，讓他人放心與你相處。能夠順其自然展露微笑，其實是件非常幸福的事，因為那就像在告訴大家，你不論順境逆境皆能泰然處之，也希望將喜悅的心情，和身邊的人們分享。

每天早上，你可以早一點起床，回想昨日三件令你開心的事，即使再細微的小事也無妨。接著，對鏡子擺出你自然的微笑，並把這份笑意帶出門。然後，觀察沿途與你交會的每個人，當你以美好的笑容點頭招呼時，對方又是什麼表情呢？即使再愁苦的臉，遇見了微笑，也會在頃刻間豁然開朗。你的點頭微笑，就喚回了他一整天的好心情，是不是非常值得呢？即使沒有言語，一個淺淺的笑，就能使彼此交心，如此美好的感動，還能在人們的互動中不斷傳遞，最終在你的四周創造出和煦的氛圍，讓每一個靠近你的人，都能收獲滿滿的溫情。

好感度up教室

我該如何常保喜樂之心，讓他人容易親近？

O →「檢查一下，我現在正微笑著嗎？」

Tip 笑臉會帶動好心情，甚至能影響他人的表情，即使笑得很勉強，但接收到他人的笑容後，就會自然變成真正的微笑了。

X →「我一定要讓自己開心起來。」

Tip 不停敦促自己要維持好情緒，反而會因為做不到，使得自己更加沮喪。

給自己留一點感謝和諒解

十六歲的湯姆，某天拜訪了村莊中最有名望的智者，想向智者請益。

謙和的湯姆請教智者：「我該怎麼做，才能變成一個讓自己快樂、也帶給別人快樂的人？」

智者聽完他的問題，微笑著稱讚了湯姆：「在你這個年紀能夠有這種想法，已是難能可貴。我就送給你四句話吧！希望你能用心記住。」

湯姆非常認真的聆聽智者之言。

智者接著說：「第一句話是：『把自己當成別人。』你能明白這句話的含意嗎？」

湯姆想了想，回答智者說：「這個意思是不是說明，當我處在痛苦之中，就把自己當成別人，因此痛苦也就不那麼難受了；而當我處在狂喜之時，把自己當成別人，喜悅也就不會過於激烈了？」

智者點頭表示認同，又接著說：「那麼，第二句話：『把別人當成自己。』這又是什麼意思呢？」

湯姆回答：「把別人當成自己，就是設身處地為他人著想，理解別人的難處與需求，如此就能在對方最需要的時候，給予最恰當的幫助。」

智者笑著說：「很好，就是這個意思。第三句話和你分享：『把別人當成別人。』你了解嗎？」

湯姆回答：「把別人當成別人，就是明白每個人都是各自獨立的個體，必須給予尊重。無論在任何情況下，都不要侵犯到他人的自主權。」

智者非常高興地說：「果真孺子可教也。最後我要告訴你的是：『把自己當成自己。』這句話有些困難，就留待你往後慢慢體會吧！」

湯姆於是問智者：「這四句話之間，似乎有很多自相矛盾之處，我該怎麼把它們整合運用呢？」

智者笑了笑，若有深意地回答了他：「用你一生的時間和經歷去應用，便已足夠。」

智者的四句話，便已道出了普世間處事為人的哲理。

當你承受了過於激烈的情緒，學著將它置之度外，令自己平靜和緩下來，才不至於給心靈造成無法負荷的重擔，就是「把自己當成別人」；站在他人的立場，以同理心為他人設想，才能真正理解對方的需求，提供恰到好處的幫助，是「把別人當成自己」；認可他人的存在，接納他人不同的想法，並且不將自己的價值觀強加於對方身上，則是「把別人當成別人」。

而最後一句：「把自己當成自己。」其實，是「認同自己的存在」。知道自己並非完美，卻也因此而獨特，所以不必與他人做比較，做最好的自己就好；知道自己的極限，明白自己有做不到的事，也一定會有做得不好的時候，因此不必對自己過於苛刻；承認自己也有出錯的可能，主動擔負失誤，不去怪罪他人，但也不需背負著罪惡感，以自我檢討取代自責，並讓每一次的錯誤成為往前邁進的動力。

學著接納自己，更能習得容人之心。

對自己，也要說謝謝和沒關係

原諒與感謝，不只要對別人說，你更應該常對自己說。

感謝自己願意學習，讓他人與自己相處更愉快；感謝自己願意努力，知道自己的不足，因此試圖找出改善的方法；感謝自己願意堅持，即使跌倒了，也沒有放棄自己；感謝自己願意付出，希望能為別人與自己做得更多；感謝自己能試著原諒，包容曾經犯下的錯誤，為必須前進的自己開闢通往未來的路。

真的不要太苛責自己。當你無法坦然接受自己，也會同時排拒他人的善意。你以為自己不值得，但是誰都會有失落的時刻，為什麼要放大那些悲苦，而忽略了快樂也同時並存？對自己寬容一些，才會有繼續前進的力量。

停止折磨自己吧！無論別人傷害了你，或者你傷害了別人，放下責怪與虧欠，真心的對自己說：「我原諒你，謝謝你讓我能夠成長。」丟掉那些會造成悲傷的感受，對自己坦承。只把溫暖的記憶留下，讓往昔的苦難，靜靜地隨風而逝。

從現在開始，學會不計較得失，對自己寬容，你看待他人的眼光，也會因此而變得溫暖。明白自己說善意的謊言情非得已，對別人的隱瞞便會多一些體諒；知道自己做不好卻已盡了力，對他人的失敗就會少一點責怪。為人生加入感恩和體恤，與他人相處也會更加輕鬆愉快。

好感度up教室

如何讓自己敞開心胸，接納他人的善意？

O ➜「我原諒你，也謝謝你一直都這麼努力。」

Tip 坦率的原諒自己，並認可自己的存在價值。

X ➜「都是我的錯，我不值得別人對我好。」

Tip 責怪自己，把別人阻擋在心門之外，並不會讓過去變得更好，只會糟蹋了充滿希望的未來。

相信聽眾，就不必再擔心怯場

專心觀察你的聽眾，你會發現他們都在為你加油！

古希臘馬其頓王亞歷山大在位時，有一位相當知名的演說家林賽斯。林賽斯因為得罪了亞歷山大，被以企圖謀反的罪名處以死刑。依據當時的法律，在行刑前，林賽斯可以為自己做最後的辯護。

死刑前一晚，林賽斯準備了一篇精采絕倫的演講稿，並前後演練了無數次，希望能在這場攸關性命的演說中一舉扳回劣勢。

然而，他一站上演講台，就看到台下已擠滿了數以萬計的圍觀群眾，旁邊還站著拿了大刀的幾名劊子手。林賽斯開始感到緊張，手心不住地冒汗，一向辯才無礙的他，竟突然講話結巴了起來。他努力回想講稿的內容，卻怎麼也想不起接下來該說什麼。劊子手看林賽斯說詞反覆，就此認定他做賊心虛，罪行早已不言自明，立刻蜂擁而上，一陣亂刀將他砍殺致死。

以當時危急的情勢，不難想像林賽斯何以如此失常。台下觀眾對他的言論的看法，決定了他是否能從死裡逃生，當然會過份在乎。但就因為太過在乎，導致他無法發揮出平時的水準，讓這場演說成了功敗垂成的關鍵。

這種單憑一次發言決定生死的狀況，當然不可能在現代發生。我們不會因為一次失敗的溝通就丟掉性命，但「過度在乎」卻始終是許多人臨陣怯場的惡夢。

多數人在平時說話都能有條不紊，到了要面對眾人的正式場合，卻總是緊張的講不出話來。如果詢問他們為何會如此緊張，大致都離不開「擔心自己的表現」、「不知道別人會怎麼想」等等，另外過度的期待，也是使得表現失常的一大原因。

但事實上，你真的不必這麼緊張。經常公開演說的作家史考特．勃肯曾在他的著作中，誠懇的吐露了所有聽眾的心聲：「聽眾都希望你成功。」

當你作為一個聽者，看到面前講話的人結結巴巴、語無倫次的樣子，你是否也會暗自捏一把冷汗，祈禱他能順利地表達自己呢？肯定是的。因為我們都會希望聽到條理分明、內容精采的論述，也期待聽完之後能夠有所收穫，所以沒有人會期待看到你出糗的樣子。

下一次當你需要在大家面前發言時，請把聽眾都當成你的啦啦隊，將他們的注視想像成對你的期待，如此就能較容易地克服「在乎他人眼光」的心情了。

忘記自我，把注意力放在聽眾的反應上

在正式場合中，太過擔心自己的表現，也是導致緊張的主要原因。當我們害怕說錯話、忘詞而接不上話，這都是因為我們把關注的焦點放在自己身上，而忽略了聽者對內容的反應。

想要克服過度在意自己的緊張情緒，最簡單的作法就是「忘記自己」，也就是古人常說的「無我之境」。由於傳統禮教的潛移默化，養成了許多人好面子、害怕出醜的心態，但太過在乎面子，反而更容易在發言時丟了臉面。「忘記自己」簡單來說，就是不要太把自己當一回事，把目光聚焦在聽眾身上，配合他們的反應來調

整說話步調與內容，如此一來，也就沒有時間去管自己是否太緊張、說錯話了。

另一個對付怕丟臉心態的好方法，就是在開始說話時，先講個笑話自我解嘲。拿自己開玩笑，一來可以緩和雙方氣氛，二來也能創造隨遇而安的心境——反正已經丟過臉，就不必太在乎面子問題了。

每個人在面對需要公開說話的場合時，會出現緊張情緒是必然的。只要在事前做好充足的準備，在上場前調整好心態，就一定能大幅改善怯場的問題。

好感度up教室

害怕在大家面前說錯話而丟臉，我該怎麼鼓勵自己？

O →「盡力就好，何必在乎別人的眼光呢？」

Tip 放下得失心，告訴自己，即使做得不好，人生也不會就此停格。既然如此，又何必過度在意成敗呢？

X →「我一定要做好，絕對不可以失敗。」

Tip 不容許失誤的心情，會令自己更加緊張，無法從容發揮應有的實力，反而容易導致失敗。

Love Cafe
menu
Coffee......
Tea......

Chapter 02

心態對了，就不怕在人際關係中遭遇挫折

有些人即使沒多做什麼，也能夠受到大家的歡迎，
那是因為他們待人處世的良好態度，早已有目共睹，
想和他人溝通無礙，就從培養優質的心態開始。

塑造個人魅力，讓自己成為良好溝通的基石

說話魅力需要勤加練習，才能顯得自然而不做作。

幾年前，許久沒光顧電影院的我，特地跑去觀賞了一部令人動容的好萊塢賣座電影《王者之聲》，這是個描述英國國王喬治六世繼位前後的真實故事。

喬治六世是現任英國女王伊莉莎白的父親，曾帶領英國人民跨越第二次世界大戰，在英國近代史中擁有極高聲望，備受人民擁戴。然而這位萬人景仰的國王，在繼位以前其實是位一緊張講話就會結巴、完全無法在公開場合發言而淪為皇室笑柄的口吃患者。然而，身為不需繼承王位的次子，儘管口吃會傷害些許聲譽，卻也不是那麼嚴重，直到他的哥哥愛德華八世發生了那件舉世聞名的荒唐事。

愛德華八世就是歐洲歷史上著名的「只愛美人不愛江山」的溫莎公爵，為了與一位離過婚的女子相守，遂遵從英國王室的繼承規定，將王位禪讓給弟弟。即使喬治六世得知這項消息後十分不滿，但也莫可奈何。然而繼承了王位，就意味著必須具有公開演說的傑出能力，為此憂心不已的王妃為此四處尋覓，最終找到了一位經驗豐富的語言治療師來協助喬治六世進行語言訓練。

自此，除了備受艱辛的練習過程外，喬治六世還必須面對自小潛藏在內心的自卑意識，克服自己對於發言的無端恐懼。

不久後，二次大戰開打，德國納粹發動戰爭襲擊英國。為了弭平德國的挑釁，曾經連簡單問候也無法順口說出的喬治六世，向人民發表了一場英國歷史上最撼動人心的演說，鼓舞了全國的軍民，對引起戰爭的德國直接宣戰。

當時的英國能夠在二戰贏得勝利，喬治六世功不可沒。他樸實而堅毅的形象，成為英國人民的精神支柱，支撐他們走過了那個戰亂的年代。但這個珍貴的形象委實得來不易，若國王未能歷經當時艱苦的口語療程，今日的英國歷史或許就被改寫了，喬治六世也將被當代所遺忘。

即便是成長在鎂光燈下的國王，仍然需要透過不斷的自我訓練，才能夠好好地表達所想。與其成天抱怨自己講話不得體、總是說不出重點因而遭受恥笑，不如把時間花在多多練習表達，才有機會與人建立良好的溝通橋樑，進而奠定情感的基礎。

做好事前準備，就算出現突發狀況也絕對沒問題

當紅的知名藝人陳漢典是以維妙維肖的模仿秀起家，其模仿能力為大家所公認。他經常在綜藝節目《康熙來了》中進行即興的模仿演出，而他每一次總能完美詮釋節目對各種人物角色的需求，博得觀眾的滿堂喝采。

這些我們看似隨機應變、無論何時都能揮灑自如的表演功力，並不是源自陳漢典與生俱來的天份，而是透過不斷的學習和自我訓練，才造就了他如今得以揮灑自如的即興演譯能力。

當我們和他人溝通時也是如此。如果希望自己說話有條理、陳述有重點，一定要透過事前的預想，不斷揣摩與演練臨場可能碰到的情形，以便出現突發狀況時

也能妥善應付。尤其是需要在公眾面前發表意見的場合，為了避免因緊張而出現失誤，一定要將想說的話寫在紙上或用電腦記錄下來，並對著鏡子練習，直到即使被打斷，也能流暢的陳述完畢為止。

將想說的話先寫下來，還有另一個好處，就是能事先安排好內容的順序。在表達時，我們可能會同時放入好幾個重點，如果沒有事先安排，就容易說得雜亂無章、不知所云。因此在撰寫內容時，可以將重點依據重要性或是因果順序來進行排列，如此更有益於他人理解。

最後，若是想培養即興說話的能力，豐富談話內容，你可以應用身邊的紀錄工具，即時記下你無意間想到的好點子。有些人有攜帶隨身筆記本的習慣，這是個不錯的方法，但對於怕麻煩的人而言就非常不適合。不過，拜現在發達的科技所賜，幾乎所有的手機都已經具備非常方便的便利貼以及錄音功能，讓你可以隨時捕捉一閃即逝的小創意。這麼一來，即使沒帶厚重的筆記本出門，也不會再漏掉任何珍貴的好點子了。

所以，想讓自己說話有條理，受到大家歡迎，即使沒有超乎常人的天份也一樣能做到。只要事前準備、勤加練習，就一定能確實傳達自己的想法。

當他人確實接收到你的心意，就能減少彼此間發生誤會的機率，進而消除因摩擦而生的隔閡，拉近彼此的距離。

想把話說進對方心裡，能夠完整表達心意是必備的條件之一。而且，當你擁有了擅於溝通的形象，別人即使想不記住你都很困難。

好感度up教室

該怎麼做，才能流暢的在他人面前表達自己？

O →「講錯也沒關係，多練習幾次就會更加流利了。」

Tip 對著鏡子，將想要表達的內容多練習幾遍，如此一來即使遇到被打斷的突發狀況，也一定能順暢的發言。

X →「我大概知道要講什麼，到時視現場狀況隨機應變就行了。」

Tip 沒有事前準備，到了現場就很容易因為緊張而忘詞，或是說得詞不達意。

幽自己一默，即使陷入險境也能迅速翻身

用幽默抵擋惡意中傷，再犀利的言詞也傷害不了你。

某次，我剛回到家時正好遇上朋友林太太來訪，在閒話家常的時候，林太太說了個關於她女兒的小故事，至今仍令我印象深刻。

林太太的女兒高中畢業之後就到國外讀書，因此父母每年都需提供她為數可觀的學費和生活費。有一天，林太太和女兒通越洋電話，忍不住感慨地告訴女兒：「當阿姨知道妳每年開銷都必須花這麼多錢，就調侃的說：『當妳的女兒真幸福。』」

林太太嘆了口氣，又說：「我啊！肯定是上輩子欠妳太多，所以這輩子非還妳

不可。」

沒想到，女兒卻笑著回她：「媽，這不是欠債，反而應該說報恩。妳想想看，現在是妳報我的前世恩，等妳年紀大了，就輪到我報妳的今世恩啦！」多麼妙語如珠的對談啊！

我後來經常在培訓課程中和學員分享這個故事。人生中所有的事，都可以從不同的面向來解讀，而我們對一件事正面或負面的評價，也是由此衍生。我們會經由主觀的意識來判斷客觀發生的事物，因而影響了自己的感受。

所以，當他人以負面言語相待，我們可以直接接收他人的負面能量，也可以選擇轉個彎，用正向的角度來解讀。如此既能讓自己免於受到傷害，也能使僵硬的談話氣氛回歸正常，更避免了造成彼此心結的可能，幾乎是百利而無一害。

把幽默感當作防護罩，讓火爆對談都化為笑言笑語

以前曾聽一位男性朋友談起當兵時的趣聞。

當年與他同時入伍的新兵中，有一位貪睡的新兵，每天早點名時總是遲到。某

天，長官終於忍無可忍，當眾非常生氣的責問他道：「為什麼你早上起床總是比別人都慢？如果每個士兵都像你每天賴床，那世界會變成什麼樣子？」

那位新兵小聲地回答：「應該就不會再有戰爭了。」頓時響起小兵們努力憋笑的聲音，連長官都差點笑出聲來。

雖然新兵遲到的態度不可取，但是他的幽默思考，卻成功澆熄了長官不斷飆升的怒氣，為自己化解了一場迫在眉睫的危機。

生活中，我們無法避免遇到講話苛刻、喜歡挖苦人的傢伙，這時貿然出言回敬對方，只會徒增自己的怒氣與困擾，其實閉口不言，就是對他最好的回應。但是，心中的怒火無處發洩，不得不忍氣吞聲的感覺，實在令人難受。在這種情況下，有什麼辦法可以削減心中的負面感受呢？

這時，嘗試用幽默感反向解讀對方的言行舉止，不僅能緩解內心不斷增長的厭惡情緒，也可為彼此留下各退一步的空間。

例如：某個討厭鬼在經過你身旁時，大聲地對別人說：「哎呀！他一定三不五時就去討好老師，老師才會這麼喜歡他啦！」

如果直接和他爭論，恐怕只會越描越黑。這時，你可以告訴自己：「他一定是認為我表現得太好，而感到羨慕吧？這麼說來，他其實是很肯定我的呢！」這樣想的話，心情就能漸漸好轉，對於他的惡意中傷，也能一笑置之了。

即使他人並非惡意，但無端遭受到冷嘲熱諷，仍然很令人難受。若是這時能善用幽默思考，將傷人的言詞轉為逗趣的話語，在替自己解套之餘，也為對方找了臺階下，不只對方鬆了口氣，旁人也會對你的寬容與機智反應心生好感哦！

好感度up教室

受到他人刁難時，該如何化解尷尬的氣氛？

O →「故意對我說難聽話，表示他一直都在注意我，這是好事呢！」

Tip 正向解讀對方的行為，順便幽自己一默，心情就會跟著輕鬆起來。

X →「這個傢伙真討厭，就不能講話客氣點嗎？」

Tip 暗自不停抱怨對方的行為，只會讓自己越來越心胸狹窄哦！

表現自信，讓大家通通來挺你

透過剖析自我，建立起難以磨滅的信心。

有個年輕人從鄉下來到大都市，想找一份好工作藉以證明自己的能力。在蒐集充份的資料後，他鎖定了一家規模龐大的公司，心想：在這裡工作，應該可以讓我實現理想。

因為年輕人沒有相關的學歷與工作背景，只能從最基層的員工開始做起，然而當時這家公司並沒有計畫要招募基層員工。但年輕人沒有多想，逕自前往那家公司，希望能面見人事經理。

見到了經理後，他立即表明自己想進該公司工作的意願。年輕人信心滿滿的表現，引起人事經理的興趣，於是破例為他舉行面試。經理詢問年輕人：「請告訴我，你為何認為自己可以勝任這份工作？可否為你的能力提出相應的證明？」但年輕人卻說自己沒有做任何的事前準備。經理聽完很不以為然，便婉拒了他的應試。

然而一週後，年輕人又前來應徵。儘管因做足準備而有了較好的表現，經理仍以他不適任為由，再度拒絕了他。但是年輕人並未就此放棄，他總共主動到這家公司面試了六次，並且表現得一次比一次更好。當第七次面試結束後，人事經理告訴他：「恭喜，你被錄取了。高層還希望將你視為儲備幹部，進行額外的培訓。」

年輕人仰賴著自信與持續不懈的努力，最後在公司爬升到了副總經理的職位。

如果因為被拒絕，就對自己喪失自信，那麼可能到手的機會也會從指縫間悄然溜走；但只要相信自己做得到並堅持下去，幫助你的貴人也會接二連三的出現，最後，你甚至能擁有難以預料的驚人成就。

所以，在行動之前，先為自己儲備足夠的自信，那麼即使無法表現完美，也能成功撼動對方的心。

徹底了解自己，自信就能源源不絕

自信在人際關係中扮演著至關輕重的角色，總能在關鍵時刻發揮影響，但卻無法憑空得來。因為無中生有、自我膨脹而生的自信，只會使你在人前更容易跌跤。擁有真正自信、不矯揉造作的人們，通常都對自己十分了解，他們對自身的優缺點有清楚的認知，也知道該如何善用這些特點，使自己更加出色。

因此，想讓自己展現出百分百的自信，不該問自己：「我要怎麼做才能更有自信？」而是應認真思考：「我要怎麼做，才能更了解自己？」

首先，誠實記錄下你所認為自己擁有的優點或缺點。並列出數量相同的優點和缺點，以避免給自己製造出極好或極差的偏頗印象。

接著，找出自己喜歡和討厭的事物。把喜歡的東西、喜歡做的事逐項列出，再接著寫下討厭的部分。

確認自己的喜好，能幫助你了解自己在進行哪些活動時更能樂在其中，而討厭的部分，則能使你更清楚，哪些事情可以盡量避免。

最後，你可以再列出未來的目標。先將想做的事一一列出後，再個別估計完成所需的時間，然後依照時間長短將它們區分為短期、中期與長期目標。這麼一來，你就完成了最適合自己的人生規劃表。接著，不要遲疑，勇敢的去完成它吧！

當你對自己有了更多的認識，就不用苦惱在與他人互動時，應該如何表達自我，也不必再擔心找不到話說。因為，你本身就是最好的聊天題材。別害羞，主動介紹自己給大家認識吧！

好感度up教室

如何克服對缺點的恐懼，向大家展現真正的自己？

O ➜「把自己的優缺點都找出來，如實告訴大家吧！」

Tip 和朋友分享你的好與不好的一面，會讓他們更喜歡你。

X ➜「我沒什麼事情可以和大家分享。」

Tip 如果什麼都不想說，他人就無從了解你，更不可能對你產生好感。

多點包容與體貼，超人氣王就是你

忘記別人的錯誤，你才能發現互動中的美妙收穫。

幾年前，電視上曾播映一支發人深省的威士忌宣傳廣告，它的內容大致如下：

有個男人與朋友相約在酒吧碰面，男人坐在酒吧的落地窗前等候，不久後，就看見朋友走了過來。可是，朋友並沒有直接進入酒吧，反而在街邊一名女乞丐身旁停了下來，放了些零錢到她的箱子中。

待朋友走進酒吧，男人便嘲笑起他的善良無知：「那個女乞丐，只是在騙取你的同情心罷了！她家裡根本沒有生了重病、急需醫治的小孩。」因為街邊的女乞丐總是向路過的人謊稱小孩生病，以博取他人的憐憫來詐財維生。

但朋友聽完，卻對男人說：「幸好，她的小孩不是真的生病。」

我們無法知道男人聽聞此語的後續反應，但我想，他可能也像電視機前的我們一樣，在啞口無言的同時，還暗自思索著，自己為何會理所當然的以惡意揣度他人？

朋友並不在乎自己是否被騙，他掛心的反而是別人正在承受的痛苦。女乞丐或許沒有患病的孩子，但也可能另有難言之隱。

如果我們遇事總心存猜疑，對他人的處境就難有體恤之心。我們不是對方，或許無法理解他正面臨的困難，但如果多一些體諒，能夠減輕他的苦，也未嘗不是一件好事。

即使被冒犯了，也不需和對方計較，因為我們也會有無法明說，卻希望他人可以體諒的時候。若能從這個角度來思考，你在人際關係中，便會表現得更加寬容。

不要吝嗇伸出援手，你的善心或許是他的一線生機

有一位記者朋友曾在報紙上，和大家分享了一則相當溫暖的小故事。

某天，她在小學的校門前，等著接女兒放學。在離校門不遠處的人行道上，有個衣著破舊、滿身髒污的乞丐，正對著路過的行人拚命磕頭。

一對放學的小姊弟路過時看見這一幕，善良的弟弟便從口袋中掏出十元，準備放進乞丐面前的盒子中。

但身旁的姊姊這時一把拉住了他，說：「電視上都說那是騙人的，你沒看到嗎？」說完拽著他就要往前走。

然而走沒幾步，弟弟卻掙脫了姊姊的手，跑回來將錢給了乞丐。

記者目睹整件事的發生經過，便好奇的跑去問弟弟說：「弟弟，姊姊剛剛不是已經告訴你，乞丐可能是騙你的，你為什麼還要給他錢呢？」

弟弟卻滿臉無辜地看著記者說：「如果，他沒有騙我呢？」

對方是否利用我們的善意為惡，我們無法辨識，也無從知曉。但如果這份善意真的能有所幫助，又何須過於吝嗇？如果因為一時猶豫，而錯失提供協助的最好時機，即使事不關己，仍會感到遺憾。

除非你能確認對方果真設下騙局，否則就在自己的能力範圍內，大方的提供協助吧！欺騙，受損的是對方的道德良知，而非我們的人格，別因為懷疑而冷卻了一顆樂於助人的心。即便他人的過失無意間傷害了你，也不要惡意回擊，這麼做只會引發惡性循環，更造成自己的二次傷害。用良好的立意，為對方點一盞指引迷途的明燈，即使作用微小，也仍然能傳遞溫暖。

好感度up教室

如何讓自己變得寬容，不再為小事生氣？

O →「計較太多，皺紋也會變多的。放寬心吧！」

Tip 不愉快的經驗，直接忘掉即可。多一些體諒，自己反而更容易釋懷。

X →「他怎麼能欺騙我，我可是好心幫助他呢！」

Tip 把對方的錯誤記掛於心，無異於拿石頭砸自己的腳。不要把別人的過失往自己身上揹，放下它，你會記得更多生命的美好。

交情再好，也要懂得自制才是禮貌

拿捏說話的分寸，讓他聽得入心才有意義。

知名的兩性專家薛洛夫和尤德金，曾在他們的著作《He & She Talk》中提出一條兩性相處的守則：「情侶間互不多問，反而能促進兩性關係的和諧。」雖然多數談兩性關係的書籍都告誡我們要「關懷另一半，多多交流」，但薛洛夫和尤德金卻認為應該反其道而行，並為此提供了一個真實案例引人深思。

有位太太根據「伴侶間應經常互相關懷」的夫妻生活準則，每天等丈夫回家後，都會問上一句：「嘿！你今天過得怎麼樣？」但奇怪的是，太太越想表達關心，丈夫就越不想理會她，兩人間的關係反而因此變得相當緊張，她心想，不能放任事態繼續惡化，於是前往拜訪薛洛夫，希望尋求指引。

薛洛夫給這位太太的建議是：「暫停關切丈夫的生活，並維持一段時間。」

太太回家後立刻照著做。結果，三天以後，丈夫竟主動問她：「欸，妳怎麼都不關心我今天過得如何？」

看來，不要在經營關係時過度努力，反而能夠減少摩擦，使關係更緊密。因為過度關切，對被關切的一方而言會構成龐大的壓力。對方雖然明白你是好意，卻承受不起你的關心，又不知該如何拒絕你，只好逐漸拉開彼此的距離。而當你停止向他施壓，反而讓彼此緊繃的關係變得富有彈性，情感因此有了升溫的空間。

我有一位知識淵博的朋友，相當勤奮好學。然而據他所言，直到升國三以前，他根本連課外書都不太讀。那時，母親每天都在嘴上叨唸著要他好好讀書，未來才能出人頭地。但母親對他的學習介入越多，他就越抗拒學習。但當他升上國三，母親卻突然不管他了。「大概是覺得，現在不管再怎麼督促我，也來不及了吧！」朋友笑著說。從此以後，他反而主動開始學習，而且成績斐然。

再有耐心的人，也無法忍受碎唸不停的言語攻勢。所以蘇格拉底每次要思考哲學問題時，都會奪門而出，以躲避家中老婆大人的嘮叨荼毒。要是你發現，你想找對方說話時，他卻避之唯恐不及，那就是你該暫停的訊號。偶爾放下言語交鋒，讓情感在靜謐中漸漸昇華，他會更願意與你交心。

話到嘴邊停三秒，讓大腦過濾不討喜的發言

應該許多人都曾在電視上看過這種畫面：

某地區因為劇烈的災變，死傷慘重。趕到現場的記者，不斷拿著麥克風詢問當地災民：「你現在感覺怎麼樣？會很難過嗎？」

每次目睹這番景象，都忍不住為之氣結。這麼嚴重的災難在自己身上發生，誰還能保持冷靜呢？記者如此提問，不僅沒有意義，對受訪者來說更好比雪上加霜。

然而如此不識相的發言，在我們身旁卻屢見不鮮：明明已經忙得不可開交，另一半卻一直打電話來問：「你怎麼都不理我？」；為了加班已經勞累不堪，回到家卻被親人責問：「你非得這麼晚回家不可嗎？」；跟情人分手，找朋友安慰卻聽到他說：「前幾天還看到他跟別人牽手逛街，原來是這麼回事啊！」……諸如此類的對

話不斷在生活中上演，除了讓對方累積不愉快，彼此的關係也容易出現裂痕。

即使再要好的朋友，話也不能隨心所欲的說。在你開口前，先觀察對方的情況，再決定要不要告訴他。這不只是禮貌，也是一種體貼。相同的話，在不同的情境下表達，對方的接受度也會有所不同，無法讓對方聽進耳裡，再好的建議也會失去意義。

在恰當的時機說適合的話：在對方遭遇困難時，一句「加油哦！你一定可以的。」就能為他雪中送炭；待對方獲得成功時，再告訴他：「你做得真好。」便有如錦上添花。如此不但對方樂於接受，你的好意也能獲得加倍的效果。

好感度up教室

對方在談話中突然負氣離開，這時我該如何應對？

O ➜「我是不是說錯什麼，所以得罪他了？無論如何，先去道歉吧！」

Tip 先反省一下，自己是否曾說過惹惱對方的話，並主動先向他致歉。當你放低了身段，對方的態度也會軟化下來的。

X ➜「我又沒做錯事，他幹嘛這樣對我？」

Tip 總認為錯不在自己身上，想修復彼此的關係就比登天還難。

為人誠信，就能擁有不敗好人緣

答應了就要做到，對方才會放心交給你重要的事情。

夏日的午後，從村裡的知名度假村駛出一輛名貴轎車。由於剛下過雨，泥濘的道路相當難以行駛，這輛車沒過多久便在路上拋錨。附近居民都好奇地圍了過來，只見身穿高級西服的駕駛慌忙下了車，神色緊張的為愛車進行檢查。

駕駛繞著車子轉了一圈，立刻發現因為油管上有顆螺絲已經鬆脫，導致車子正在漏油，而且附近沒有加油站。於是他焦急的問身旁民眾：「有沒有人願意協助我鎖上螺絲？」

一名打扮入時的女子跟在駕駛身後下車，看到這個情景便對駕駛說：「重賞之下，必有勇夫。你何不拿出酬金來徵求自願者？」

駕駛立刻掏出一張千元大鈔，希望吸引自願者，卻不見人群有任何動靜，只聽到有人交頭接耳的說：「有錢人總是說話不算話，不要相信他。」

然而，卻有個小男孩逕自走了出來，對駕駛說：「讓我來吧！請你告訴我該怎麼做？」

維修的程序很簡單，因此小男孩在駕駛的指示下很快的完成了任務。然而，這時身旁的女子卻告訴駕駛：「他不過是個小孩，給點零錢就夠了。」

駕駛於是收回鈔票，換成零錢交給小男孩，但小男孩卻搖了搖頭，圍觀群眾冒出鄙夷的噓聲，他只好再加了些錢，可是小男孩仍舊沒有收下。駕駛因此不悅地對小男孩說：「你要是再嫌錢太少，我就不給你了！」

小男孩卻回答：「不，我沒有嫌少。學校老師有說過，幫助別人是不可以索取報酬的。」小男孩誠摯地看著駕駛，接著說：「我只是在等你說『謝謝』！」

想要被對方信賴，需要付出時間與努力，但破壞互信關係卻非常容易，要再次重建更是難上加難。我曾在書上讀過一句話：「道德經常能彌補智慧的缺憾，但智慧卻永遠填補不了道德的空白。」與其責問對方為何不相信你，不如回想一下，自己過去是不是做出了傷害對方的事情，並對此做出補償。如果這麼做能夠挽回對你非常重要的關係，再辛苦也是值得的。

信任是關係必備的基礎，而誠實、說一不二，則是獲得對方信任的前提。當你面對他人時，沒有絲毫欺瞞，並且對於說出口的話，始終抱持謹慎保守的態度：無法確認的事，不隨口亂說；可能做不到的事，不輕言許諾，你就已為這段關係創造了良好的開端。但想要備受信賴，仍須仰賴時間的印證。想在漫漫長日中始終如一，雖非易事，卻也沒有我們以為的那麼艱難，只要力求言談務實、不投機取巧，無價的信用便能與我們長相左右。

在人生的風雨中奮勇前行，原本就格外辛苦，若能多一點信賴，少一些猜忌，有了良善的友誼為伴，會讓坎坷的路不再那麼崎嶇難行。

關係越是親近，越應該督促自己說到做到

許多人在外人面前，會盡力維持自己誠信的形象，但當許諾的對象是關係親近

的家人，尤其是父母或小孩，反而不太在意自己是否言而有信。古時宗聖曾子的太太就曾犯過類似的錯誤。

當年曾子的太太不讓兒子跟著上菜市場，又想阻止他不斷哭鬧，於是哄兒子說：「等媽媽回家，就請爸爸殺一頭豬，給你吃大餐，作為聽話的補償。」

沒想到，曾子把她的話當真，她前腳才踏進家門，曾子就已經準備宰豬。她趕忙衝過去，想制止曾子，曾子卻回她：「妳無心的一句話，聽在單純的孩子耳裡卻是真實的。父母是孩子的榜樣，父母怎麼做，孩子就會跟著學。妳現在如此欺騙孩子，孩子以後還會願意聽父母的話嗎？」如此訓了太太一頓，語畢立刻履行諾言。

這段軼事就是「曾子殺彘」這句成語的由來，曾子的太太因為無心的許諾，最後賠上了一隻豬，但卻換得一場及時的家庭教育。另一個故事就沒這麼好運：大陸有位父親，承諾子女只要考上高中，就一人送一支iPhone作為獎勵。姊弟倆沒有辜負父親的期望，雙雙考上該縣市的重點高中。父親也的確買了兩支手機，但只有一支是iPhone，而他把iPhone給了弟弟。幾天後，警察在河邊發現了姐姐的遺體。根據同學的說法，女孩因為父親食言，幾週來一直很不快樂，這似乎就是她輕生的主因。

父母無法兌現承諾，對自己的失信又以隨意的態度敷衍帶過，會令孩子不想再對父母說實話。

當你發現，為什麼孩子總是不聽話或說謊，在責罵他之前，不妨先問問自己：「我是否答應了他什麼事，卻沒有做到？」因為言而無信，導致父母的形象在孩子心中大打折扣，他當然左耳進右耳出。

對承諾不負責任，損壞的不只是父母的威信，同時也會嚴重傷害孩子的心。他們會想：「我已經這麼努力，也完成了爸爸的要求，為什麼他還要欺騙我？」這是某些為人子女者心中的陳年舊痛。

但是，即使如何努力守信，人生也始終會出現變數。無法使命並達的時候，一定要慎重地道歉，對家人說明原因，並共同尋求解決的辦法或補償。積極與誠懇，是獲得諒解最好的途徑。

就像那位大陸父親，並非想以厚此薄彼的態度對待兒女，只是單純地認為兩支手機品質相當，名氣也同樣響亮，因此才各買了一支分送給兒女。只要他將這份心意如實轉達給女兒，肯定就能獲得女兒的理解，從而避免了無謂的憾事。

因為是最親近的家人，更不能以輕率的態度對待。用心經營彼此的關係，重視對家人的承諾，讓他們信賴你，他們便會在需要時，成為你最有力的支柱。

好感度up教室

如何勉勵自己，成為能令朋友交心的人？

O →「不輕許諾言，說到就要盡力做到。」

Tip 不承諾無法做到的事，如果因為外在因素無法實現諾言，也應誠心道歉並尋求補救辦法。

X →「做不到也是不得已的，之後再道歉就好了。」

Tip 不斷為自己的失信找理由，當別人聽膩了你的藉口，以後就再也不會相信你了。

尊重彼此，才能保有相知相惜的情誼

給他獨立自主的空間，他才會感謝並珍惜你的用心。

從前，有位心地仁厚的富翁，在修建自己的宅邸時，特別告知建築師傅要把屋簷的長度加長、加寬，讓窮苦或無家可歸的人，可以暫時在這裡避風躲雨。宅邸建好之後，許多窮苦人家果真跑來棲身在屋簷下，有的席地而臥，有的生火煮飯，甚至有人擺攤做起了生意，讓富翁不堪其擾，家人也常為此與寄居屋簷下的人們起爭執。

那年的冬天特別寒冷，有個老人因此凍死在富翁家的屋簷下，鄉里間開始大罵富翁的為富不仁。一陣颶風來襲，大家的房子都沒事，富翁家的屋頂卻因為屋簷特別長，整個被掀開來。所有人都譏笑富翁是因為種下惡果，得了現世報。

於是富翁決定改變作法。他在整修宅邸時，要求工匠只需建造普通的屋簷，而把省下來的錢捐給慈善機構。他又另外增建了一棟獨立的小房子，讓有需要的人可以在這裡獲得暫時的庇護。雖然庇護的範圍縮小，但許多無家可歸的人，都因為這棟小小的房子得到安身之所。每個人離別前，都會一再詢問建造這棟小房子的是哪個好心人。幾年後，富翁就成了鄰里稱頌的大善人，即使在他過世之後，還是有許多人繼續受到他的善行庇蔭，因此感懷與紀念他。

為什麼富翁同樣在幫助別人，方法不同，效果就差了一大截？

這中間的差異，僅僅是「尊重」兩字而已。沒有人喜歡寄人籬下，即使困苦的人因此免受風雨之苦，但高大的屋牆卻時刻提醒他們自己與富翁的身分差異，讓他們不要忘了，這是富翁的施捨。

但有獨立門戶的房子卻不同。在這裡，人們不需忍受刺骨的寒風。更重要的是，他們不必接受富翁家人鄙夷跟厭惡的眼光，不用再屈居人下。

所以，幫助他人時，首先要顧及對方的自尊，思索以何種形式提供協助，才不會造成對方的困擾。有時我們以為自己是在做好事，卻在無意中傷害了他人，因此而承受對方的嗤之以鼻甚至惡言相向。這並不是對方存心讓我們碰釘子，而是我們完全沒有顧慮到他的想法，所以遭致反感。

既然想幫忙，不如就好人做到底。抱持尊重的態度，從對方的立場觀察他真正的需要，再適時提供最恰當的協助，便不會再惹來白眼、落得好心沒好報的下場了。

尊重的真義，就是把自主權還給對方

鄰居夫婦有個女兒瑪姬，年近四十仍待字閨中，身邊也沒有交往中的男友，因此急壞了兩老，處心積慮為她尋找相親對象，但瑪姬總是拒絕接受安排。

老人家不得已，只好假借家庭聚餐的名義，讓她和相親對象碰面。瑪姬到了餐廳，才發現這是個相親場合，而她事前完全不知情。這下可把瑪姬給氣壞了，待相親一結束，她立刻離開餐廳，開始和父母進行為時好幾個月的長期冷戰。

當我和瑪姬閒聊時提到這件事，她忍不住怒氣沖沖的抱怨：「他們怎麼可以擅自幫我決定？這是我的未來，我最清楚怎麼做對自己最好！」

她知道父母也是出於關愛，才出此下策。然而對她來說，幸福不僅需要機緣，更應該要由自己追尋。別人認定的幸福，不見得適用在自己身上，貿然遵從別人的建議，最終後悔的只會是自己。

我把這番話轉述給瑪姬的父母，並對他們說：「我想，瑪姬對她的人生，有自己的一套規劃。待你們離開之後，她的人生還是要由自己掌舵。尊重她的選擇，親子關係才有破冰的可能。」

我們對深愛的人，始終免不了憂慮，認為應該幫他做點什麼，是人之常情。但屬於他個人的事，不該由旁人來決定，即便那個人是自己的孩子。

這不僅是尊重，更是信任的象徵。你無法幫他決定一切，不如放下懸念的心，給予關愛之後，就選擇相信。有了你的支持，他一定會做出最適合自己的決定。

老人家聽完我的話後，點了點頭，承諾會再和瑪姬好好談一談。當我再次見到瑪姬時，她神采飛揚的告訴我：「爸媽終於同意放我一馬，不再逼迫我非結婚不可了。之前他們為我找的相親對象，沒有一個是我喜歡的類型，若是見了面後才拒絕對方，場面也會顯得十分尷尬，所以我總是能躲就躲。」

說完，她又小聲地告訴我：「其實，我最近剛認識一位條件非常好的對象。請先不要告訴我爸媽，我想給他們一個驚喜！」

我微笑著聽完她的話，心裡明白，瑪姬一家人其樂融融的相處時光，一定已經不遠了。

好感度up教室

如何做到為對方設想、彼此尊重？

O →「我要尊重他的選擇，這是他的人生，我不可以干涉。」

Tip 每個人都有自己的立場與難處，即使認為對方做了錯誤的選擇，旁人也只能提供建議，而非武斷地直接介入。

X →「他這麼做不對，他應該要照我說的去做。」

Tip 擅自干預對方的決定，不僅沒有尊重對方的感受，倘若事後證明決策錯誤，你也無法為他承擔責任。

勇敢溝通，讓友誼不斷延續

想化解誤會，你缺少的只是一點勇氣。

某個年輕人想為家裡添購新碗時，想起曾聽說要想挑到好碗，只要讓兩只碗相互輕碰，發出清脆悅耳聲響的就一定是只好碗，於是他帶著家中的碗到了店裡，拿起店內的碗輕輕碰擊。然而，他拿到的每一只碗，都只敲出既沉悶又混濁的聲音，連老闆特地拿出的高級精品，也被他失望地否決了。

老闆感到疑惑，於是問他，為什麼要拿著手中的碗去碰其他的商品？年輕人告訴老闆，這是某位長者教他的挑碗訣竅。老闆聽完，立刻拿起了身旁一只碗，對年輕人說：「你拿著這只碗再試試看，這次你一定能挑到最滿意的碗。」

年輕人有些懷疑，但測試後，神奇的事發生了！他拿起的每一只碗，都在輕碰下發出悅耳的聲音。年輕人驚訝的問老闆：「這是怎麼回事？」

老闆微笑著對他說：「你剛才帶來的碗，本身並不是良品，因此你用它來試碗，必然會發出混濁的聲響。想要得到一只好碗，首先要確定自己拿著的也是只好碗。兩碗相碰，就如同兩顆心相互碰撞，需要滿懷真誠，才能碰撞出最清脆悅耳的聲音。」

與人交往，若總是抱持警戒、恐懼、猜忌與懷疑，別人也難以對你付出真心。當他人感受到你的敵意，也會在心中思索，你是否對他有所欺瞞？因此產生顧慮，進而在彼此的關係中築起一道高而厚實的牆，用冷漠區隔兩顆本應相交的心。但你可曾想過，這些阻隔彼此的負面情感，難道全都是因對方而起的嗎？

並非全然如此。因為我們不確定真正的自己是否能被對方接納，所以會感到害怕，有所懷疑。我們擔心毫無防備的自己，會因他人的排斥而遍體鱗傷，但追溯這份顧慮的源頭，卻是因為我們不夠信任自己。

鼓起勇氣來吧！世上沒有完全相同的人，但人皆非完人，或許毫無掩飾的你並不美好，卻非常真誠。脫掉心靈的枷鎖，以真心示人，不僅他人更樂於親近，你也會感到更輕鬆。

以勇氣引導行動，用誠懇消除誤解

由於生活環境不同，每個人對待同一件事，都會有自己獨特的解讀。就像到了電影院，大家看的是同一部電影，卻總能說出不同的感想與批評。差異是使得世界如此豐富多彩的理由，卻也是誤會產生的原因。

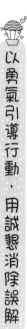

聖嚴法師曾說：「化解誤會的關鍵在於，方法要誠懇、主動、明快，不要被動、猶豫、等待，再等下去會連朋友也沒有了。」

因為在乎，所以更該鼓起勇氣，以誠意打動對方，嘗試各種能釐清誤會的方法。即使對方無法理解，也會因你的善意而不再責怪。天下之人何其多，有幸能與彼此相遇，甚至建立友誼，實屬難能可貴。若是為了小小的誤會，而失去如此難得的朋友，才真正令人感到可惜。

但要是誤會已累積太深，無法在短時間內解決，你所嘗試的努力也都踢到鐵板，不如就放下吧！你已盡了力，但世間總是會有全力以赴也無法做到的事。給對方一些祝福，向他道謝，至少他帶給你無可替代的人生經驗。往後要是又遇上類似的事件，你也具備了克服困難的能力，遺憾就不會再次發生。

拆除阻擋彼此的心牆，僅需要我們將一點點勇氣化為行動。只要釋放出你的善意，對方一定能接收得到。

好感度up教室

我跟好友之間有些誤會，該如何化解呢？

O →「鼓起勇氣來！我們感情這麼好，我一定知道該怎麼說他才會接受。」

Tip 主動和對方溝通，尋求解開誤會的方法。

X →「我好怕他拒絕我。就這麼放著不管的話，之後也會自然好轉吧？」

Tip 如果不嘗試解決問題，就是平白放棄了可能維繫感情的機會。

Love Cafe
menu
Coffee......
Tea......

Chapter 03

互動加入小巧思，即使被拒絕也不失面子

無法預料的意外狀況，就讓心理學家來幫忙。
用已經被驗證過無數次的心理原理，維持互動的良好氣氛，
更能協助你締造美妙的人際關係。
稍微用點心思，誰都能成為專業級的溝通大師！

拜託對方時，最難辦的事情要最先講

答應了最困難的要求，之後的請託都會顯得很簡單！

在大學的物理學課程中，有一項非常簡單、但結果卻出人意表的實驗：實驗助教會事先準備好三桶不同溫度的水——一桶冰水、一桶常溫的水，以及一桶熱水，接著要求學生將一隻手放進冰水裡，另一隻手則放進熱水中。如此停頓數秒後，再要求他們將兩隻手同時放進那桶常溫的水裡。

「咦？」頓時，學生們都露出困惑的表情——雖然兩隻手都放在相同溫度的水中，先前放在冷水中的那隻手，會感覺水是熱的，但另一隻之前放在熱水中的手，卻會覺得水是冷的。

這種現象在心理物理學中被稱為「**知覺對比**」。就好像你和伴侶逛街約會，卻在街上看見一位身材高䠷、魅力絕佳的帥哥或美女，這時你再看向自己的另一半，就會覺得他似乎不如當初那麼吸引你。不同的經驗，會使人們在面對相同的事件時產生不同的感受。

事實上，有許多銷售人員經常利用這個原理，來激發顧客的購買動機，使得成交量大幅上升。

例如：房屋仲介向客戶介紹房子時，會先帶他們去看幾戶條件較差的物件，這些房子通常屋況不佳，卻有著昂貴的價格。這麼一來，當他將真正要賣的房子介紹給客人時，相較之下就會顯得這棟房子的條件比原本還要好！因此成交的機率當然就大大提高了。

在與人溝通時，若是可以善用知覺對比的原則，也能收到不同的效果。如果你有事情想拜託別人幫忙，又希望盡量減少對方因被打擾而引起的反感，你可以先提出一個比較困難的請求，待對方答應後，再提出其他相對簡單的要求，通常就能讓對方願意點頭。

「之前那麼困難的要求我都答應了，這點小事根本沒什麼。」

大多數人肯定都會這麼想的。

這種「先大後小」的原則，在所有的互動情境之下都適用。下一次不妨嘗試看看，你會發現，與之前相比，對方似乎顯得更好說話了。

不幸被拒絕了，就讓他提供一點補償吧！

你可能還想問：「那要是對方拒絕我，是否就無法讓他回心轉意了呢？」事實上，即使被拒絕了，你也還有下一次機會。心理學家透過研究得知，人們在拒絕了一項困難的請託以後，通常就會答應相對而言較為簡單的要求。

這是因為人們在拒絕對方後，多半會興起一種「補償心態」：由於我的拒絕，你已做出了讓步，我如果再不答應，就太說不過去了！

我大學時代的好友琳達，就因此從男友那裡收到了心儀的名牌包，還讓男友少了一些心理負擔。事情的過程是這樣：

琳達原本計劃在生日時，和男友出國旅遊數天，但工作滿檔的男友無法在那個時間點安排休假；於是她又降低標準，請求男友至少在生日當天可以整天陪伴她，不巧男友當天在公司有個重要會議，若是請假就一定會耽誤到工作進度；所以最後她跟男友說，既然出不了門，不如把旅遊的資金換成她一直渴望的名牌包，以彌補她沒有他陪伴的失落。男友欣然答應之下，還承諾會補請她一頓浪漫的燭光晚餐，為那年生日畫下了完美的句點。

所以，如果你希望對方答應請求，又擔心被直接拒絕，你可以先嘗試提出可能被回絕的要求，要是他真的拒絕了你，你再說出一開始就希望他答應的事，那麼十之八九會被對方接受。

當對方拒絕你時，代表你已獲得一個收到補償的機會。如果把真正的要求作為讓對方拒絕你的補償，就能大幅降低被拒絕的可能性。

當然，你事先預想好不會被接受的要求，可不能誇張得太過分，因為若是讓他人覺得：「竟然提出如此不合理的要求，即使被拒絕也是應該的。」就無法讓對方認為需要對你做出補償了。

最後我還想提醒的一點是，在拜託別人幫忙之前，自己一定要先成為樂於助人的人，「禮尚往來」這件事可是做人的基本道理。若是一直要求別人幫忙卻沒有做出回報，對方當然會拒絕協助你。

無論對方是否答應你的請求，不妨都敞開心胸，對他說：「以後若是您有什麼需要，請一定要告訴我。」假以時日，大家都知道了你的為人，自然也會對你更加友善了。

好感度up教室

擔心請求會被回絕，該如何讓對方欣然接受呢？

O → 「我想拜託您幫忙，不過這件事會有些困難……。還有另一件小事，不知是否可一同麻煩您？」

Tip 在請求協助時，先說最困難的請求，對方就不會連小事也拒絕幫忙。

X → 「請問您能幫我這個忙嗎？謝謝您。另外還有一件比較困難的事情……。」

Tip 如此會讓對方感到負擔加重，提高被拒絕的可能性。

建立你的專屬形象，是令他人快速點頭的祕密

將自己與特定事物作連結，他會在第一時間想起你。

在美國擁有高收視率的電視影集《實習醫生》（Grey's Anatomy）中，曾經提及一個相當奇特的病例：

有一位中年婦女，在過去的七年中，只要到了每年某一天的特定時刻，她的心臟就會停止跳動，而被迫送進醫院進行急救。

醫生調閱了這位婦女過去的病史，並沒有發現任何與此現象有關的潛在發病因素。最令醫生感到詫異的，是這位婦女唯獨在一年中這一天的這個時間會發病，但其他的時候，她卻表現得相當健康。

陪同婦女進行檢查的丈夫告訴醫生，七年前，他們的鄰居泰德因急病猝死於家中。當他們夫婦倆發現遺體時，妻子竟忽然昏倒在現場，送至醫院時發現心臟已停止跳動，費了一番功夫才從死亡邊緣將她搶救回來。

但婦女的丈夫一再向醫生強調，他們與這位鄰居交情不深，因此不明白妻子為何會不斷出現這麼奇特的症狀。

然而，直到丈夫離開後，這名婦女才向醫生道出事情的始末……

原來，她與鄰居泰德其實是不為人知的戀人，是彼此的心靈依靠，但她同時也深愛著疼惜自己的丈夫。

為了不傷丈夫的心，她從未向丈夫坦誠這段往事，但每當到了一年中的這一天，她仍然會感到相當悲痛，覺得自己如同丟失了靈魂般隨泰德而去，導致心臟出現猝然停止跳動的現象。

這種不自覺將情感與特定事物聯繫起來的行為，在近年新興的心理學理論「神經語言程式學」（NLP，Neuro-Linguistic Programming）中被稱為**「心錨」**。好比我們聞到飯菜香就會感到飢餓、看到紅燈亮起時會停下腳步，是相同的道理，透過外在的刺激，就能夠引發內在特定的條件反射行為。

這個原理，在NLP中被用來作為激勵自己，以讓自己在短時間內進入某種特定情緒狀態的自我暗示技巧。當然，在與他人的互動中，我們也能應用這個原理來建立起自己與其他事物的獨特連結。你可以將想強調的事物透過明顯可辨識的方式，在對方心中留下印象。

例如，當你說出「我的興趣是看舞台劇」時，就可以順便提及你最喜歡那一齣舞台劇，或者是拿出不久前才去觀賞過的舞台劇門票，如此就能建立起你在他人心中「對舞台劇表演非常熟悉」的印象。

標誌明顯的特徵，讓他人不由自主的想到你

其實我們在無意間都會利用設定「心錨」的方式，在別人心中建立起獨特的印象。例如我的朋友珍妮，非常喜歡知名品牌Scottish的服飾，幾乎每次見到她時，她身上都穿著該品牌的衣服。因此每當我在街上看到這個品牌的服飾店，就一定會想起她，而這個品牌的服飾就成了她個人的象徵。

Scottish品牌服飾與珍妮之間的連結，就是珍妮在他人心裡設定的「心錨」。若是你能夠運用這個方法，在他人心中建立起你的個人形象，就能在無形之間加強與對方互動的效果。

舉例來說，倘若你的專長是電腦維修，你可以刻意製造展現專長的機會，甚至也可以經常提及與此相關的事物，像是邀請朋友結伴去看大型的資訊展等等，那麼往後他人只要有電腦需要維修，或者是有電腦維修方面的問題，就會立刻聯想到你，也較容易接受你在這個領域的意見與看法。經常在你的溝通對象面前，重複提及想強調的事物，如此就能在不知不覺中加深他人的印象，讓他們想不聯想到你都很難。

經由這種建立「心錨」連結的方式，可以達到在潛意識中影響他人的效果，這也可以看作是對他人的一種暗示。若是應用得好，不僅能使他人對你印象深刻，也會在與你接觸的過程中，因越來越熟識而產生好感。

不要小看心錨帶來的影響，它在為你創造自我展現的機會時，還透過頻繁的互助增添了你與對方的情誼。只要你能以此建立起專屬的個人形象，增加對方對你的熟悉與了解，他就會更容易記得你。等到對方有需要的時候，你不僅會是第一個被他想起的人，更可以即時為他提供最恰當的協助。當他將這份溫情長存於心後，還可能再將你介紹給他的親友認識，在無形中擴增了你的交友範圍，也讓情誼的迴圈在不知不覺中，慢慢變大。

好感度up教室

該如何加深自己在對方心裡的好印象？

O →「雖不敢稱自己為專家，但我非常喜愛研究各式各樣的服裝設計。」

Tip 大方地表達自己的專長或愛好，並表現得自然而不刻意，就能輕鬆贏得好感。

X →「將服裝設計當作專長，實在是不敢當，我只是對此略有粗淺的認識而已。」

Tip 太過謙虛只會讓他人認為你相當自卑，反而是造成了反效果哦！

透過互助，替自己解危也聯絡感情

透過互相幫忙，再困難的請求也能獲得肯定的答覆。

有一陣子我經常往返國內外，某次在美國內地的機場入境，路過機場大廳時，遠遠就看見了一群擁擠的人潮。「應該是為了迎接某個名演員或歌星吧？」我心想，於是開始想辦法繞過他們走到出口。沒想到在我專心走路時，卻有一朵花突然遞到眼前。

下意識地順手接過那朵花後，遞花的女士笑盈盈的看著我說：「這是我們給您的禮物。我們的協會為了籌辦下個月的節日活動，目前急需一筆資金，您願意協助我們嗎？我們會非常感激您的。」

這時我才了解到底是怎麼一回事。這群人並不是在等待接機，而是為了向機場大廳等待的人們募款。

我嘗試要把花還回去：「謝謝，但這個我真的不需要。」

然而，那名女士只是搖著手回答：「不，這是我們送給您的禮物，請您收下。」

一番推托之下，我只好從口袋掏出幾美元，放進了她所謂的協會募款箱中。

這到底是怎麼回事呢？如果那位女士只是端著募款箱靠近我，我就能順利地搖著手快步離開，但是她卻給了我一朵我其實並不想要的花。聰明的募款人員應用了心理學中相當基本的**「互惠原理」**，在人們心裡塑造了對於收受禮物的負擔感受，因此增加了成功募捐的機率。

這也就是說，當你拜託別人幫忙時，若你之前曾經幫過他的忙，為了償還之前欠你的「人情債」，他答應幫助你的機率就會非常高。這個人情債有時不一定是直接針對本人產生的，有時是你曾經協助過他身邊的親朋好友，由於間接人情壓力產生的負債感。更有趣的是，透過相互幫忙施予的恩惠，有時得到的回報往往還大過原先的付出。就像我收到的那朵花，成本可能不過二十五美分，但我卻為它捐出了好幾美元。

這個原理同時也告訴了我們，平常若能夠隨時養成樂於助人的好習慣，當你需要別人的協助時，對方就比較容易答應你的請託。所以不要吝於對別人付出，因為說不定不久之後，你很有可能就會需要他們的幫忙。

可能被拒絕的請求，就透過送禮來解決

如果你在一開始，就預期對方可能會拒絕你的請託，不妨在進行拜訪前先準備一份小禮物，也就是我們常說的「伴手禮」，再去與對方溝通。

正所謂「禮多人不怪」，收到禮物的人普遍心情都會比較好；再者，收了禮物卻沒有回禮，也會讓收禮者覺得不好意思，畢竟沒有人會想要被貼上「忘恩負義」的壞標籤。為了不想給他人產生不好的印象，即使是原先不會被答應的要求，在這種情況下獲得應允的可能性也大幅提高了。但是，在準備禮物前，記得要先打聽一下對方的需求或喜好，以避免讓收禮者感到不舒服。送適合對方的禮物，也會讓他

更樂於在力所能及的範圍內幫助你。

另一種說服對方答應要求的作法，則是找與對方熟識的人出面。若將這個方法用於拜託和自己沒有交情的人，效果會更加顯著。雖然對方和你並沒有直接關係，但因為有第三者的人情壓力，希望對方接受請求時就能夠比較順利。

例如，你想以比較便宜的價格買到一台新款的液晶電視，而你恰巧知道朋友的先生就在液晶電視的經銷公司工作，這時你就可以拜託朋友陪同拜訪她的先生，協助討論液晶電視的價格。

雖然在心理學上，互惠原理對人所產生的心理壓力，可以藉由不請自來的方式強加到別人頭上，例如那個在機場送花的募捐者，但這也會在他人心中造成非常不愉快的印象。所以在運用的過程中，必須注意盡量不要引起對方的反感。合理的使用互惠原則能夠助長雙方的友誼，但若是運用不當，被對方當成拒絕往來戶就是遲早的事了。

互助是人類思想中最珍貴的情誼，人們透過互相幫助串連彼此，進而能成就平穩與安定的生活，可以說，世界便是由互助維繫起來的，沒有人可以不依賴他人而獨自生存。我曾在書上讀過一則關於天堂與地獄的描述：

某個人在夢中到地獄走了一遭，發現那裡有張大桌子，桌上堆滿了美酒佳餚，圍坐桌旁的每個人手持一雙長過雙臂的筷子，但無論怎麼做都無法將食物送進嘴裡。接著他又發現自己到了天堂，那裡的景象與地獄幾乎相同，唯一不同之處，在於大家都把夾到的食物送往對面的人口中，因此所有人都吃得很滿足。

只要互相扶持，無論我們身在何處，何處就是天堂。隨時懷抱著體貼對方的心意，向需要幫助的人微笑地詢問：「我可以幫助你嗎？」當話語傳達至對方心裡，我們就可以讓它成為聯絡彼此感情的一大助力。

好感度up教室

如何以互助的方式維繫友誼？

O → 「聽說你最近剛搬新家，有沒有需要我幫忙的地方呢？」

Tip 主動向對方提供協助，不僅他會感到窩心，當你有需要時，他也會義不容辭的幫助你。

X → 「恭喜你搬了新家。」

Tip 單純的祝福沒有什麼不對，但他人通常只會回以「謝謝」，就無法達到互相交流的目的。

對方答應過的事，要讓大家都知道

讓第三者知道他對你的承諾，增加約定實現的機率。

美國愛荷華州的州政府為了推廣節約能源，因此在某年的初冬時節，派遣了數位研究人員到使用天然氣取暖的居民家中進行訪問。

他們為住戶提供了一些節約能源的技巧，並請他們為了未來承諾節能。所有的住戶都同意了，然而一個月過後，研究人員的資料卻顯示，這些人家的天然氣使用量與其他未接受宣導的人家並無二致。

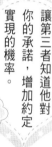

在此同時，研究人員對另一群居民採用了不同的宣導手法。

他們傳授用戶相同的節能技巧，但在邀請他們承諾節能時，卻附帶了另一個條件：為了表揚他們節約能源的精神，當地的報紙之後會刊出這些承諾節能家庭的姓名。這一招果真奏效，一個月後相關人員檢視他們的天然氣使用記錄，發現每戶平均節省了十二立方公尺的天然氣。

接下來，研究人員做了另一件事：他們寄信給每一戶人家，信上寫著因為某些原因，無法使他們的姓名見報，並向這些人家致歉。

然而，神奇的事就這麼發生了！這些用戶的天然氣使用量，不僅沒有因此回到過去，反而比起以為姓名能夠見報的頭一個月，還要減少了百分之五。這到底是怎麼一回事呢？

類似這樣的行為，在心理學上被學者們稱為**「承諾和一致原理」**。當人們做出一項公開的承諾，他們便會敦促自己信守承諾，而這個過程也讓他們相信自己是個有信用的人。即使外來的激勵因素消失，人們也會認定守信行為是出於自己的良好品德，這一點使得承諾的效果越加顯著了。

由於信守承諾，是人類社會中最普遍的道德意識，人們多數會在進行公開承諾之後，選擇讓自己的言行保持一致，以維持良好的自我形象。另一方面，這也讓我們明白一個道理：一旦我們深信某件事是正確的，那麼只要我們一直堅持下去，就能大幅降低我們出錯的機率。當外在壓力與我們對守信的心念同時並存，就能形成一股龐大的力量，驅使我們實現自己許下的承諾。

所以，如果你希望對方能夠完成對你的承諾，最好的作法就是把他答應你的事情讓其他人也知道，並讓對方相信，他所做的事情不但正確無誤，且對他自己有所助益。

這裡所說的其他人，不單指你身旁的人，他們必須要是在對方心中具有足夠份量的人物。

假設你希望你的另一半能夠戒菸，你就可以把他答應你要戒菸的這個承諾，告知所有在他身邊、能夠對他產生影響的人們，例如他的父母、同事、上司、朋友等等。當他越在乎那個被告知的對象，那麼承諾對他帶來的約束力就越大。如此一來，在眾目睽睽之下，這份壓力就容易促使他真正戒菸成功。這一事實也已經被許多戒菸特訓班成功驗證過無數次。

因此，若是你有希望對方能改掉的壞習慣，就把他答應你改進的承諾內容公諸於世。如此一來，他不僅不容易半途而廢，還會對守信的自己感到滿意。往後不需要你在一旁殷殷敦促，他也可以自動自發地完成這件事。雙方的衝突不僅因此減少了，還增加了彼此對關係的滿足感，既有實際效用也格外貼心。

希望對方有所回饋，要在提供幫助前先提出

經常有人會問：「如果幫助了對方，之後他卻一點回饋也沒有，那我豈不是很吃虧？」

雖然樂於助人應該不求回報，但若提供了支援，對方卻連感謝的表示都沒有，心裡仍會很不是滋味。為了避免這種事發生，就要在答應協助前，先明白告訴對方你期待獲得怎樣的回饋。

比方說，如果有大學生為了校園活動來向你募款，你就可以事先詢問：「如果活動成功舉辦，是不是能在贊助者的欄位放上我們店家的宣傳廣告呢？」這麼說的話，對方就不至於會忽略你的付出。往後如果你需要他的協助，只要自然地開口，對方也會欣然同意。

要是真的不幸遇到以德報怨、不知感恩的人，我們也不必讓自己太過委屈，直接停止對他的協助就好。既然是他先說話不算話，我們就不必顧慮自己是否確實履行承諾了。

其實，多數情況下，我們即使沒有事先向對方尋求口頭保證，也還是能得到相對的回報，畢竟互相扶持是人之常情，所以也不必為此太過憂慮。但如果你會擔心，仍然可以在一開始就先要求對方答應回報，取得保證之後，自己也會比較安心。

畢竟，我們該做的事，不只是在對方心中建立好感印象，維持對方在我們心中的好感印象，也是友誼得以延續的必要條件哦！

好感度up教室

希望對方能履行承諾，該怎麼提醒他才不會傷感情？

O → 「朋友們都知道，你答應我不再喝酒囉！你確定你還要喝嗎？」

Tip 告訴對方，他對你的承諾已經眾所皆知，他會更有意願去執行。

X → 「你不是答應我不再喝酒了嗎？為什麼還喝這麼多？」

Tip 用質問與責怪的語氣要求對方，只會造成反效果。

善用群眾的力量，你就不必說破嘴

據說，那些在跑馬場贏得暴利的賭馬老手們，都知道該怎麼私底下操作，讓自己賺到錢。

一般而言，所有運動競賽或賭局的賠率計算，會根據賭客在該項目（在這裡是指賽馬）中下的賭注來進行調整，簡單來說，當賭注下得越高，代表該項目被預期贏得勝利的機率越大，則賠率就越小，賭贏後贏得的錢也越少，反之亦然。

因此賭馬老手們為了提高賠率，就會使用一系列的操作手法。他們深知大多數的賭馬客對於每隻賽馬的情況並不十分清楚，因此為了避免輸錢，多數人會把賭注壓在最多人下注、最受歡迎的那匹馬身上。於是，當跑馬場開始開放下注時，老手會先挑選一匹他認為幾乎沒有獲勝機率的賽馬，把一部分的錢壓在這匹馬身上，讓該匹賽馬的賠率在開盤時就立刻降到最低。

由於，跑馬場計分版上的賠率每分鐘會更新一次，所以，這時所有的賭客都可以明顯的看出，哪匹馬的賠率最小，那牠就一定是被預期最有可能獲勝的賽馬。

當大家一窩蜂的下注到被設計好的「最受歡迎賽馬」時，這些老手們便再次下注，但這次他們把錢全壓在了那匹實際上最有可能贏得比賽的馬身上。如果這匹馬贏了，那老手們就可以大賺特賺一番；但若是「最受歡迎賽馬」得勝，那老手們也可以拿回比原先下注金額還要多的錢。也就是說，無論如何，這些賭馬老手都不會虧錢，就算虧，也不至於會全盤皆輸。

或許你會覺得，這些賭客心機也太重了吧！然而這個人性的弱點，並不是只有賭馬老手才知道。賭馬客順從多數群眾下注的心態，在社會心理學領域被心理學家稱為**「社會認同原理」**。

當人們不確定自身到底是處在什麼樣的狀況時，很容易根據周圍人群的反應來決定自己應該怎麼做。這是一種出於本能的模仿行為：「大家都這麼做，那這個作法應該就是對的吧！」你一定也曾這麼想過，對不對？

所以，倘若你想說服他人做某件事時，不妨應用這一點，創造出「大家都這樣」的情境，就能比較輕易地說服對方。

有許多聰明的媽媽都是這麼做的——當她們的孩子在公眾場所吵鬧不休的時候，她們就會把食指放在唇邊，說：「噓！你看看，別的乖小孩都安安靜靜的坐著玩玩具呢！這麼做才乖唷！你要不要也試試看？」過不了多久，你就可以看到一個小孩開心地把玩手上的玩具，似乎全忘了幾分鐘前，自己到底為了什麼而哭鬧不止……。

他們都做得到，你也一定可以

模仿行為在兒童成長過程中扮演著重要的角色，促使他們發展出適合這個社會的生存技能，是他們學習的起點。然而，不是只有小孩會擁有模仿欲望，成年人也經常會在無意識間出現模仿他人的行為。當前有個不斷重播的牙膏廣告，便是相當明顯的例子。

在廣告中，主持人會隨機攔截路上的行人（當然我們都看得出來，這根本是事前套好招的演員），並測試他們牙齒上的細菌滋生程度，因而得出「細菌滋生的速度快得嚇人」的感想。接著，主持人請他們試用看看XX牌的牙膏，一個月後，再詢問試用者的感想，果然，這時他們一致得出了「非常有效，極力推薦」的結論。

那麼，既然我們都能明顯看得出來，路人甲消費者的使用證詞肯定有造假的嫌疑，但為什麼廠商還是持續播送同樣的廣告呢？類似的廣告到底有沒有效果呢？平心而論，若是不考慮價格因素的話，站在牙膏商品陳列架前，連我都會不自覺地認為，那支出現在廣告中的牙膏看起來似乎比較好用！

所以，透過對其他人的模仿行為，可以在無意之間改變一個人的思考或決定，而若是作為模仿對象的群眾人數越多，效果就會越大。

如果你想說服別人改變他原先的想法或決策，應用這個原理，將能大大提升說服的成功機率。像是「這款商品有很多朋友都在用，大家用過之後都覺得它很不錯呢！」你還可以舉出更多實例，以此增強說服的力道。

行為模仿並不是小孩子的專利。不管到了幾歲，我們仍然會傾向於參照他人的行為來改變自己。如果你發現費盡了唇舌還是遊說不成、無法消除對方疑慮時，就找個模範給他看，讓他發自內心的相信，參照這個作法真的會讓自己變得更好。如此一來，就能促進他接納建議的意願。為他提供一個令其心悅誠服的指標，這可遠比你自己說破嘴還管用。

好感度up教室

如何讓對方心甘情願地接受建議？

O ➜「那部電影，朋友們都說很好看呢！我想你一定也會感興趣的。」

Tip 用群眾的力量說服對方。既然大家都說這個好，那麼它一定不會差到哪裡的。

X ➜「我對那個展覽很有興趣，你可以陪我去嗎？」

Tip 直接要求對方沒有不好，但會缺了點說服他人的力道。

切合他的喜好，可以大大增加認同感

找出他喜歡的事物，是互動時最簡單的加分題。

你知道為什麼在汽車展售會上，每輛展示出來的車旁都會站著一名美麗的模特兒嗎？明明兩者沒什麼關聯，為何汽車經銷商會把美麗女郎硬是和名車擺在一起呢？

原來在國外曾經做過一項研究：

經銷商針對同一款汽車拍攝了兩支幾乎一模一樣的宣傳廣告，這兩支廣告唯一的不同之處在於，一支廣告裡面出現了一位性感的女模特兒，而另一支沒有。有趣的是，不知情的男性們在看過這兩支廣告後，幾乎不約而同的表示，他們認為前一支廣告裡的汽車速度更快、配備更高級，並且設計也更精緻。

然而，研究人員事後訪問了這些男士，沒有一位承認自己是受了性感女模的影響，而使得判斷結果出現差異。

因此，我們可以順著這個研究結果得出一項結論：

人們對於事物的喜好，會不自覺地反映在與該事物有關聯的其他物品上，縱使兩者之間的關聯性實際上並不存在。

車商希望能將男士對於美女特性的喜好——美麗、性感，反映在他們販售的汽車上。這招確實奏效了，並且還令人無法察覺。類似這樣應用**「喜好原理」**的例子數不勝數，包括電視上那些名人代言的產品廣告，以及運用造成全民轟動的熱潮來販售商品（像是印上奧運LOGO的毛巾、馬克杯，或者是世界棒球經典賽的周邊商品）等等，在愛屋及烏的心理之下，就算我們明知那是廠商的炒作噱頭，許多人照樣會把白花花的鈔票雙手奉上。

「喜好原理」的神奇功效，不僅僅在推銷時會產生極大效果，它在我們日常生活當中也同樣適用。我的意思是，若是你能夠把自己與對方喜歡的事物產生關聯，甚至讓對方喜歡你，那麼你向對方提出的要求，通常是不會被拒絕的。

若是你知道對方的興趣是露營，你就可以在言談間透露自己假日時也經常露營，去過哪些露營勝地，如此另一方對你的好感度，肯定會大幅增加。

如果面對第一次見面的人，只要在打招呼時提及雙方都認識的熟人或朋友，就能夠立刻化解尷尬的氣氛，拉近彼此距離；這時即使對方還沒開始喜歡你，也會因為朋友的關係，用比較溫和、客氣的態度對待你。

只要能成功引發「喜歡」的感受，對談的氣氛就會在頃刻間輕鬆活絡起來，對溝通的成效有絕對的加分作用。

與其講到辭窮，不如請他吃頓飯

據說，每當遇上重要的議案需要經國會表決時，白宮就會設下豐盛的宴席，由美國總統親自款待議員們。還有許多機構與慈善家在向大眾募捐時，也常會舉辦所謂的「募款餐會」。當我們需要與對方溝通、討論重要議題，請客似乎已成了慣例。或許你以為這只是由來已久的傳統，然而它可是有科學根據的。

著名的心理學家葛蘭格瑞・拉茲蘭，曾經對這個現象進行過一系列的研究，他發現當受試對象在用餐時，會對那些原本遭受批評的政治聲明稿改變看法。他因此提出一套「午宴術」理論：人們對用餐時接觸到的人事物，會有較高的喜好程度。

對於這一點，其實我們也不難理解。美食會帶給人舒服、愉快的感受，而這種感受也會連結至用餐當下接觸到的其他事物上。既然歐巴馬都在用，我們何妨把這一招也學起來。

若你希望提議能使對方點頭，就招待對方吃一頓，並在用餐時提出你的想法。

但是，請客並不是隨便請都有用，有些小細節若被忽略，反而會落得全盤皆輸。

首先，你要確認請客的對象是否有事務的決定權。要是請錯了人，那麼即使準備得再周到也不一定有用。比方說，如果女友家的一家之主是爸爸，大小事都由爸爸來決定，那麼你請女友的媽媽吃飯，頂多也只能達到遊說效果，而無法直入核心，讓女友的爸爸欣然同意你們來往。

而若是請客內容與對方喜好不符，也會大大降低請客的效果。對方喜歡的料理種類、用餐習慣等等，要在事前就查明，務必要以對方的喜好為主。如果對方根本不吃辣，你卻請人家吃麻辣鍋，結果只有你自己吃得很享受，那麼不僅遊說會失敗，也會讓對方留下非常沒有誠意的壞印象。

另外，請客並不是吃大餐、去高級餐廳就會有效果。即使只是一般常見的小吃，只要投其所好，也能令對方感到窩心。要是你與對方交情不深，認為貿然請吃飯容易遭到拒絕，請對方喝飲料也是不錯的選擇。如果在他忙得焦頭爛額時，遞上一杯熱咖啡，為他加油打氣，暖意也會直達他心裡。有沒有用心，才是成功招待最重要的關鍵。

其實，所有成功的互動都有個重點，就是——一定要讓對方感到開心。只要心情愉悅，就算再小氣的人也會大方起來。所以千萬不要認為這是在蓄意討好他人，相信我，當對方有了好心情，你也會跟著感到愉快。

好感度up教室

如何以不突兀的方式確認對方的喜好？

O →「你最喜歡什麼料理呢？會經常去餐廳吃飯嗎？」

Tip 在閒聊中旁敲側擊地詢問對方，他會直接告知你他的喜好，不會有所顧忌。

X →「只要是知名的餐廳應該都可以吧？我自己決定就好了。」

Tip 若無法符合對方的喜好，你的心意就會大打折扣。

專家說的一定對，有困難時就找權威來幫忙

說服對方時適度引用專家說的話，更能增加可信度。

大家都知道，麥哲倫是第一個帶領船隊環繞地球一周的航海家，他可歌可泣的冒險故事一直被人傳頌至今。然而在他開始這趟艱鉅的旅程之前，也曾發生一個頗為人津津樂道的小故事。

麥哲倫是葡萄牙人，但他向葡萄牙國王提出資助他進行環球旅行的請求，卻一直沒有被接受。

後來他輾轉來到了西班牙，期待能得到西班牙國王的金援。然而有過第一次的無奈教訓，為了讓這次的遊說能順利成功，麥哲倫於是想了一條妙計。

當時哥倫布才剛發現新大陸不久，因此有許多騙子和投機客為了求得國王的援助而頻繁出入王宮。麥哲倫希望能突顯自己的不同，和這些不肖人士做區隔，找上了在該國赫赫有名的地理學家路易．帕雷伊洛。帕雷伊洛在當時的西班牙有著極高的聲望，備受國王信任與推崇。

帕雷伊洛聽完了麥哲倫的觀點與計畫，深表贊同，麥哲倫於是趁機邀請他一同前往王宮說服國王。不只如此，在這趟王宮之行中，麥哲倫除了帶上帕雷伊洛的好感，還準備了一個自製的彩色地球儀作為晉見的禮物。而帕雷伊洛不愧為當代的地理學權威，他即刻運用這個美麗的地球儀論證了自己的觀點，當著國王的面前展示了麥哲倫規模宏大的計畫。

而結果就如你我熟知的，麥哲倫獲得西班牙國王的支持，帶著龐大的船隊完成了繞行地球的壯舉。麥哲倫的聰明之處，不僅在於他充足的學識，還恰到好處的善用了**「權威的力量」**。

對我們來說，在某領域見識過人的專家，因為累積了充足的知識和經歷，說出來的話通常不容置疑，而且能節省我們盲目努力的時間和精力。所以不知道該怎麼辨時，人們會傾向於聽信專家的意見。這也就是為什麼當新聞報導說，科學家發現食用某樣食物有減重效果，就能讓該食物的銷售量水漲船高。最令人驚訝的是，幾乎沒有消費者會想去查證消息的真實性。

因此，如果你想要增強說服對方的力道，取得他人的信任，那就找個專家幫助你吧！你可以在討論時引用專家的言論或研究結果，甚至請專家來現身說法，肯定會比你自己絞盡腦汁的說詞要來得有用。

借專家的口，說自己的話

然而，所謂的專家，其實不一定要是真的專家，只要他能「看起來」像專家就行了。這個「專家形象」的定義可以非常廣泛，它可以是個自己冠上的頭銜、具有形象代表的衣著、象徵身分地位的物品，或者是任何有實例佐證的東西等等。請不要小看這些東西帶來的力量，它們的潛在威力，可是超乎你的想像。

專家的定義，其實就是對於該領域的了解比大多數人都深入的人，那麼他就可以自稱是專家了。因此你可以為自己找個令人信服的頭銜，或是列舉自己與該領域相關的經歷，便足以使對方相信你的專業。

另外，你也可以利用穿著，或是配戴相關飾物以加強專業形象。舉凡醫師的白長袍、警察的灰制服、軍人的迷彩衣等等，都是相當經典的代表衣著。

而通常要塑造印象，最簡單的方式就是正式的著裝，例如筆挺的西裝及典雅的套裝，就能受到他人的尊重。

再者，如果你在街上看到賓士或BMW轎車，你的腦海中浮現的第一個想法想必跟我一樣——車主若不是財力雄厚，就是擁有一定程度的身分或社會地位。相同的概念也能用於塑造你的專家形象，只要能在身上配戴如同名牌轎車般具明顯象徵意義的物品（最有用的莫過於名牌或是名片），要贏得他人的信任並非難事。

雖然大多數人對權威的影響力並沒有自覺，甚至也不承認權威會左右自己的判斷，但事實上我們身邊隨處可見權威的影子。

我們會相信醫生開出的處方，不會對他開立的藥品細項提出質疑；當想要投資時，我們也會向具備豐富經驗的親友徵求意見。

權威的力量會在潛移默化中發生作用，可以說是想獲得他人信任時最短的捷徑。正因它的效果通常出乎預期，所以當你在運用這個方法時，也要記得，別人同樣正在用這股力量影響我們。至於對方的說法到底可信與否，就要由我們自己的理性來判斷了。

好感度up教室

如何讓對方信任我的專業？

O →「這是我的名片，另外，還有許多名人也都是我的客人呢！」

Tip 舉出事實例證來強化專業的可信度，對方會更容易相信你。

X →「我的專長是美術設計，而且從小就非常喜歡繪畫。」

Tip 如果沒有提出相關的輔助證明，無法讓對方留下深刻印象。

限量版的就是好，抓住「先搶再說」的小心機

把要說的話當成
「秘密」，就會讓對
方更想一探究竟！

還記得在看掀起話題熱潮的電視劇《我可能不會愛你》時，我印象最深刻的，不是大仁哥對程又青的真摯愛情，而是由身為國產女鞋營銷公司主管的程又青所負責的那場女鞋特賣會。

當特賣會在又青一聲令下開始之後，大批在門外排隊的女人立刻瘋狂地湧入店內，又抓又搶的爭著拿取架子上陳列的鞋子，甚至不管鞋子到底是什麼尺碼、合不合穿，只要拿在手上自己就贏了！甚至還有女人們為了搶同一雙鞋子爭執不下、大打出手，把特賣會場搞得人仰馬翻。只要看特賣會結束後，每個工作人員都狼狽不

堪地收拾善後，就知道當時的場面到底有多麼慘烈！

坐在電視機前的觀眾們理所當然地會想：「怎麼可能這麼誇張！」或者是「女人對鞋子的執著還真是恐怖。」但這並不是電視或卡通裡面才有的虛構情節，更不是專屬女性的購物欲望作祟。

美國一家運動鞋店，在即將結束營業之際，舉辦了一次結業出清大拍賣，立刻造成顧客一窩蜂的搶購熱潮，結束後一片狼藉的景象，完全不輸程又青籌備的女鞋特賣會。這顯示了限期限量造成的壓力，不論男女都同樣適用。另外還包括颱風來臨前家庭主婦或主夫們的搶菜行動，還有逢年過節的限量福袋特賣，無論什麼東西，只要輸入「限量」這個指令，就能啟動人們的競爭意識，瘋狂爭搶平常他們不見得會購買的東西。

另一個與限量相似的概念是「獨家」或「限定」。任何東西只要掛上這些用詞，總會吸引他人多看兩眼。某牌子的餅乾就經常會在冬天快結束的時候推出「冬季限定」口味，每次都讓我不自覺中招，忍不住多買幾包。這就是**「稀有原理」**的驚人效果。

當然，同樣的方法仍可以應用到人際互動中。要是你想要讓自己說話的內容獲得他人關注，建議你壓低聲音這麼說：「我有個獨家消息要告訴你。」或者是「偷偷跟你講一個秘密……。」再用比剛才更小的音量陳述你想說的事情：「昨天我……。」這時稀有原理就會立刻發揮作用，保證在場的所有人通通都豎起耳朵，想搞清楚你要說的到底是什麼！

當然你也可以用其他相似的概念來表達，像是：

「請不要告訴別人。」

「請靠過來一點，我不想讓其他人聽到。」

「這些事我平常不會跟別人說……。」

越稀有的東西總是越引人入勝，所以秘密總是傳得飛快，但公開的消息反而讓人興趣缺缺。若是你已理解此道，不妨試試看，肯定不會吃虧的。

用快到期的Dead Line對付造成困擾的拖拉人

簡單來說，「稀有原理」可以對他人造成龐大的心理壓力，在「不快點就來不及了」的時間壓迫下，通常會得到對方最直覺的反應。因此，我們也可以根據它帶來的效果做另一番運用。

有許多人習慣在被詢問時拖延答覆的時間，倘若他的回答會影響到事情的後續作業，這時就會非常令人困擾。你應該也有過相似的疑惑：「明明就是非常簡單的『Yes』或『No』的問題，為什麼做決定需要花這麼久的時間？」

其實，這並不是因為他們心中尚未獲得解答。習慣延遲答覆的人，多半在聽到問題時，心中就已浮出了答案，卻覺得自己需要更多的時間來評估答案是否正確。然而，大部分的情況下，最終得出的答案通常與一開始相差無幾。再者，拖延也容易使對方怠慢這件你認為相當重要且緊急的事情。因此，當遇上這一類的情況，最好的辦法就是給予「截止期限」，在對方心中塑造「時間快到了」的危機感。而條件越是嚴格的限制，得到對方回覆的速度也會越快。因此在設定期限時，可以「造成一點壓力」的時間是最適合的，「煩請在一週內回覆」，請向對方提出類似這樣的要求。

但在運用這個方法時，也必須徹底實行「逾期就視為拒絕」的原則，才能確立時間壓力帶來的效果，使對方無法心存僥倖。你已事先告知對方期限，他心中也一定有了被拒絕的心理準備，所以不必擔心提出拒絕會傷感情。而且這麼做還能建立你自身言行一致的好形象，對彼此的關係反而有加分的作用。

為了減少耗費的時間，以及自己因為「不知何時才能收到回覆？」而造成的不安，恰當的「截止期限」絕對是必要的。讓對方拖延你的時間，不只會在他心裡造成負擔，也會傷害他在你心中的形象，如此的寬貸反而會構成遺憾。在自己和對方心中都設下底限，看似有些不近人情，實則是對這份友誼最真切的保障哦！

好感度up教室

希望對方能儘快做出決定，應該怎麼說？

O → 「因為名額過於稀少，我只能替你保留一星期，你要快點決定哦！」

Tip 讓他確實明白，如果不儘快選擇就代表「No」，通常都能使對方做出最符合心意的決定。

X → 「沒關係，等你決定好再告訴我。」

Tip 如果沒有時間壓力，他人多半就會無限期拖延，最後甚至忘記回覆也說不定。

Love Cafe
menu
Coffee......
Tea......

Chapter 04

打開心胸擦亮雙眼，打造完美溝通的契機

察言觀色停看聽，排除溝通障礙就能無往不利。
時時注意對方的狀態，是禮貌也是為自己保留下次再見的機會。
用體貼支持努力交流的彼此，在溝通中建立情誼，
這麼一來，即使再嚴肅的對談也能愉快面對。

關注心情預報，讓誠意傳進他心裡

以平復對方情緒為優先考量，他才聽得進你說的話。

記錄中國戰國時期歷史的史書《戰國策》曾記載一篇《觸讋說趙太后》，其中談及如何利用感同身受的溝通打動對方內心的絕佳方式。

趙太后初掌朝政，秦國便趁此政權更替之時攻打趙國，趙太后於是派人向齊國求援。對此，齊王開出了一項條件：趙太后需將她的親生兒子長安君送至齊國作為人質，齊國才願意出兵。然而愛子心切的趙太后卻無論如何也不願答應。

年邁的老臣觸讋聽說了這件事，於是懇請趙太后允許他前往晉見。觸讋步履蹣跚地走到趙太后跟前，首先關心太后近日的身體狀況：「您的玉體是否安康？近來胃口如何？」趙太后沒料到竟有臣子如此關切她的近況，神色不由得柔和了許多。

觸讋眼見太后情緒已較和緩，便伺機將話鋒一轉：「老臣年事已高，因此斗膽希望未來能將自己疼愛的小兒子託付於太后。」

太后聽後頗感詫異，於是說：「原來你也如此疼愛兒女啊！」

觸讋於是說：「當然，並且我認為，比起長安君，您更疼愛您的女兒燕后。燕后出嫁後，您雖惦記著她，但也祈禱她在夫家的未來無虞，這正是母愛的表現。然而現在長安君雖位居高位，卻沒有實質功績，等您百年之後，微臣擔心長安君未必能如同您一般，受到眾民擁戴。」觸讋以讓長安君為國建功，使長安君往後得以以此安身立命為由，終於說動趙太后同意齊國的要求，讓長安君到齊國成為人質。

太后的私心雖使得國家陷入存亡危機，但身為一位母親，不免會對子女的安危感到憂心忡忡，因此若是沒有設身處地、將心比心的思考，便無法成功打動太后。而觸讋不僅明白太后的顧慮，也透過表達自己對兒子的擔憂，影射自己也處於認同天下父母心的立場，因此得以動之以情，成功扭轉了太后的決定，進而保衛了國家社稷。

所以，在進行對話之前，不僅要透過察言觀色知曉對方現在的情緒狀態，更應該嘗試著從對方的角度，以同理心來看待事情，了解對方情緒背後的真正原因。畢竟，若換作我們自己處在相同的情境下，也可能會出現相似的反應。給予對方多一點寬容和體諒，就能情理兼顧地完成目標又得人心。

先安撫對方的情緒，再來說理

人們在情緒激動時，通常聽不進任何道理與善意的語言，若是此時仍希望與對方繼續溝通下去，撫平對方的情緒會是當前的首要任務，但要做到這一點並不容易。許多人可能都有過這種經驗：在我們看來，自己說出口的話並沒有任何問題，對方卻無端發起脾氣，甚至立刻轉頭離開。這時，我們多半會覺得自己很倒楣，莫名其妙被對方的壞情緒波及。然而，事實上這並不全然是對方的錯。

即使我們自認為是在表達關心或安慰，卻沒有考慮到對方的心理狀態，那麼就算說出來的話再有道理，也沒有任何意義。

想想看，如果你都已經為自己的失誤不斷自責了，旁人還在這時不斷講大道理，直指你的錯誤之處。當下你也感受不到他的用心良苦，反而會覺得他是在落井下石吧？

所以，不論你有什麼話想說，都請先把眼光放亮一點，觀察對方當下的狀態，從為他人著想的心意出發，對方才會將你的話聽進心坎裡。如果對方正處在低落的情緒中，就須注意避免談及有可能刺激對方的用詞。你不必刻意對他表示關切，只需要維持平時的相處模式，並自然的告知對方，你能夠體諒他的狀況。

若對方聽完你的話後，願意和你分享他所面臨的問題，就用傾聽的態度予以接納，等對方心情平復後，再以委婉的方式表達你的觀點。要是他不願意和你多談，就將話題轉到雙方有興趣的共通點上，協助他轉移注意力。

舉例來說，一向成績優異的孩子，卻在這次的期中測驗拿到不及格的成績，因此心情低落。這時，即使你心裡有多麼著急，也不應疾言厲色的責問他原因。先安撫他的情緒，告訴他：「我明白你一定感到很懊惱。不如先休息一下轉換心情，過兩天我們再討論應該怎麼面對它，好嗎？」孩子除了會對自己的表現感到沮喪，更害怕因此讓父母失望。若是能讓他放下這份憂慮，他的情緒也會比較平靜。

每個人都會有情緒不佳的時候，儘管這時彼此的互動多半會出現些許障礙，卻也是與其交心的最好時機。抓準機會和他交流，付出一些體貼與包容，會在他心裡塑造寒冬送暖的深刻印象，比平時更容易對你產生好感。

好感度up教室

如何和深陷負面情緒的人有效溝通？

O ➜「我理解你現在心情不好，沒關係的。若我幫得上忙，請儘管告訴我。」

Tip 表示能體諒對方的狀況，也適度的給予關心。

X ➜「你是不是心情不好？發生什麼事了嗎？」

Tip 執意關切對方，會遭致他人反感，比完全不予理會還糟糕。

抓住最對的時機，創造滿分的情誼

禮貌詢問對方可受訪的時間，在最對的時機塑造好感。

在一座不知名的森林中，住著一群和樂融融的小動物。前陣子剛搬來了一個刺蝟家族，大家都很興奮有新朋友的加入，但刺蝟家的兒子——小刺蝟卻總是遠遠地望著大夥兒在森林中玩遊戲，卻不敢主動加入。心地善良的小松鼠一直希望能幫助沒自信的小刺蝟，讓他和其他動物們成為同伴。

某天，小松鼠站在小刺蝟家門前，敲了敲門後呼喚道：「小刺蝟，出來玩吧！大家都好想認識你，希望能和你做朋友呢！」

門內傳來小刺蝟膽怯的聲音：「還是算了吧！我不敢出門。我長得這麼醜，渾身都是刺，大家看到我都會立刻被嚇跑的。」

但小松鼠聽完，卻滿懷信心的說：「身上有刺怎麼會醜呢？你的刺不但可以保護自己，還能幫我們趕跑兇猛的野獸，很有用呀！再說，距離會產生美感，朋友之間也需要保持一點距離，才不會因為太親近而忽略應有的尊重，反而傷了感情啊！這麼說來，這些刺其實是你的優點，不是嗎？」然而好說歹說，小刺蝟還是不願意離開家門一步。

為了說服小刺蝟，小松鼠左思右想，終於想到了個好辦法。他在天氣晴朗的午後，邀請森林的朋友們在小刺蝟家附近玩耍。同伴們嬉鬧的聲音不斷傳到小刺蝟的家裡，不久後，小刺蝟忍不住走出門外，既好奇又羨慕的看著大家。

聰明的小松鼠早就料到會有這一幕，因此當他看到小刺蝟的身影一出現，便開心的跑過去拉起他的手說：「小刺蝟，一起來玩吧！大家都在等你哦！」

小刺蝟仍然有點不安，遲疑的說：「可是，我不知道該和大家說什麼。」

小松鼠笑說：「怎麼會呢？你看看，你都能找出這麼多不出門的藉口了，口才哪裡會差？不用擔心，大家都很友善的，你不必感到太拘束。」小松鼠誠摯的邀約，終於說動了小刺蝟，答應和大家一起玩。

結果，大家都度過了愉快的午後時光，小刺蝟覺得自己充滿自信，而且一點也不在意身上的刺了。

成功的互動有時需要仰賴時機配合。掌握恰當的時機，相同的話語便能發揮百分之一百二十的效果，而若能主動創造機會，獲得的成效更是加倍。一般來說，在展開互動前，我們所要考慮的不僅是自身的狀況，更重要的是對方當下的狀態。想讓自己的心意能確實傳達給對方，務必要先透過觀察來了解在何種情境下，他會較願意接受你的建議。除了配合對方的時間來挑選合適的地點與表達方式，也應該將對方的心情以及你想傳達的內容納入考量。

雖然在什麼時間該說什麼話並不是絕對的，但只要培養一雙擅於察言觀色的慧眼，再加上用心與努力，就一定能成功打動對方的心。

選擇恰當的時間溝通，增加被接納的可能性

失敗的互動有時並不是因為你說錯話，而是你挑錯了時間。就像你正埋首於工

作時，卻突然接到保險公司打來推銷壽險產品的電話，這時即使你對他說的優惠內容很感興趣，也不會想在這個時候讓他佔用你的工作時間。因此了解溝通的時間點至關重要。

如果你對互動對象的情況不甚熟悉，直接詢問對方就是最好的辦法。而若是認為電話連絡會有打擾到他人的疑慮，可選擇先以簡訊或電子郵件來提問，若對方沒有回覆，再透過電話聯繫，便不會令人感到失禮。

而要是你對溝通對象有一定程度的認識，不妨觀察一下他的作息或習慣，也可以向熟知對方的旁人徵詢建議。

數年前我赴國外求學，當時指導我進行研究的教授是個相當親切風趣的人，但同一間研究室的前輩卻以十分慎重的口吻告訴我：「如果妳想找教授說話，絕對要趁他剛用餐完畢、還沒去開任何重要會議時進行，否則一個好人從天使變成魔鬼就是眨眼間的事。」

因為當教授被會議事務攪得煩躁不已時，面對學生的問題就容易失去耐性，態度也會變得格外嚴厲，自然不適合在這時繼續火上加油。所以若能掌握對方的習慣，就可避免遇上碰了一鼻子灰的尷尬窘境。

其實，只要避免在對方情緒不佳、忙碌或疲憊之時還堅持前去打擾，就能減少莫名其妙踢到鐵板的情況。

因此，不要再認為自己明明沒做錯卻無辜遭受牽連了，先張大眼睛觀望一下目前的局勢吧！

好感度up教室

如何找到拉近距離的絕佳時機？

O →「請問您什麼時候有空，方便我去打擾呢？」

Tip 禮貌地詢問對方願意談話的時間，就不會造成反感。

X →「我會在今天下午過去拜訪您。」

Tip 雖然有事先通知，卻沒有和對方確認這個時間是否適合，不僅對他人十分失禮，也會增加被拒絕的可能性。

不隨意打岔，專注聆聽他說的每句話

令人敬重的台積電董事長張忠謀先生曾經在交通大學授課，一堂課需時近兩個小時。某次，一位大學教授在張忠謀授課結束後上前與他攀談，並說：「董事長一堂課就要講上兩個小時，蠻辛苦的。」

然而，張董事長卻回他：「你坐在台下聽，比我還辛苦呢！」

相較於自己發言，聽他人說話需具備更高度的專注力。根據研究統計，一般成年人平均的說話速度是每分鐘兩百個字，然而聽話的速度卻可以達到每分鐘兩千個字以上。我們在說話時，通常需要同時思考邏輯性和組織內容，以避免出錯，因此較無暇顧及周遭。然而多數人在傾聽的同時，仍有餘裕將心思放在別的事情上。這一點導致許多人養成不專心聽別人說話的壞習慣。但這副不專心的模樣看在說話的那一方眼裡，卻是極大的打擊。若對方在說話時，我們的眼神並不是向著對方，很容易會使對方產生我們對所言「沒興趣」、「不關心」的錯誤印象，便沒有興致再接著說下去了。

聽者的態度，對於講者有相對的影響。當說話的人感受到對方的專注，就會激發出更多表達的熱情。但若是聽者冷漠以對且毫無反應的話，講者也會認為自己是在自討沒趣，而閉口不談。

我在校園進行諮商會談時，有時會有學生抱怨某些老師上課態度隨便，講課也毫無內容。聽到這類的埋怨，我通常會反問他們：「你們在課堂上曾經舉手發問過嗎？當老師在問問題時，你們會主動回應他嗎？」大部分時候，我得到的答案都是否定的。

如果學校的課程不夠生動紮實，學生也要負一部分的責任。倘若總是碰到興趣缺缺的學生，想必也沒有老師會願意敞開心胸，無私的分享自己鑽研多年的學問。

所以，認真把心思放在正和你互動的對方身上，你會得到超乎預期的收穫。

用心聆聽，就是對努力表達的人最好的回應

聽，是我們無時無刻都在做的事。但你知道，聽也是有層次差異的嗎？

在英文中，「聽」這個字就有兩種不同的表示：一種是「聆聽」（listen），另一種則是「聽見」（hear）。

「聽見」是單純的用耳朵接收訊息，但「聆聽」，則是用心去體會對方的話語，因此能夠理解對方的思想與感受。聖經中曾對「聆聽」如此釋義：「未曾聽完先回答的，便是他的愚昧和羞辱。」

我們可以想像，若是在課堂上，學生沒有聽完老師的問題就搶著回答，那麼這可能是個不完整甚至錯誤的答案。學生的態度，不只引起旁人的哄笑，還有遭致同儕批評的可能。

想要成為一個懂得聆聽的聽眾，讓任何人都樂意與你交談，其實只需掌握幾個原則，而其中之一，就是要將目光聚焦在說話者身上。

當我們將目光望向對方，能使自己把注意力放在對方身上，也會讓對方感受到我們對於談話內容的興趣，因此表達的態度也會更積極。若是可以的話，不妨把整個身體也轉向對方，並微微傾身向前，會收到更好的效果。

再來，是不隨意打斷對方的話。

胡亂打岔是溝通的大忌，這麼做不僅會讓對方認為你根本沒有在聽，也會顯得你這個人非常無禮。若是對於對方的言論有不同的見解，應當等對方把話說完後，再陳述自己的看法。若在溝通時想著自己應該用什麼說法來駁斥他，只會令你錯失重要的訊息。

最後，則要避免先入為主的評斷。

由於看待事物的角度不同，在語言傳達和理解的過程中，有時誤會在所難免。尤其每個人都會有自己習慣的表達方式，有時儘管當事人並不是這個意思，說出來的話卻引起了你的反感，這並不是誰的錯，只是因為雙方對語言的運用和理解不盡相同。

所以好好聽完對方說的話，了解他所表達的意涵後，再以平和的口氣說明你的感受，才不會因誤解傷了彼此的感情。

日本的經營之神松下幸之助在接受採訪時，曾經將自己的成功歸因於從小養成的良好習慣，其中之一也是最重要的，便是「習慣聆聽」。甚至光是專注於「聆聽」這件事，就足以凝聚人心。

因此，想與他人建立良好的互動關係，「聽」是比「說」更重要的事。

好感度up教室

如何培養專注聆聽的好習慣？

O ➜「所以你的意思是……（總結對方剛才說的話）囉？」

Tip 在聽的同時把注意力放在對方身上，並偶爾簡述對方說過的內容，讓他知道你已明白他想傳達的重點。

X ➜「不對，我認為事實並不是你說的那樣，應該是……。」

Tip 對方還未說完就逕行打斷，開始發表自己的意見，則會讓他喪失繼續往下說的興致。

從生活議題聊起，即使初次碰面也會一見如故

先說自己的事再詢問對方，他就會放心地主動開口。

強尼接受了朋友的邀請，去參加大學社團的聯誼活動。聚餐時，眼尖的朋友在人群中發現一位同系的學姊，因此一同上前攀談。由於大家的話題都圍繞在系上的事務以及社團活動上，討論的氣氛相當熱絡。

然而，不久後朋友有事暫時離開，強尼立刻碰上了麻煩。他雖然見過這位學姊，但在此之前沒有與她說過一句話，根本不知道接下來該和對方聊什麼，只好埋頭吃著自己的食物。

學姊問強尼：「學校生活還習慣嗎？」

因為不知道該說什麼，強尼只是簡單的回答：「還可以。」

學姊又問：「修課方面有遇到困難嗎？」

強尼回答：「沒有。」

如此的交談持續了兩三分鐘，那位學姊便藉故離開了。一直到了聚餐結束，強尼都沒有和其他人說上一句話。

當強尼和我談及這件事時，十分苦惱地說：「我不知道怎麼參與別人的話題，也不知道要和陌生人聊什麼，我該怎麼辦才好？」

由於現代人的生活圈越來越大，在與他人互動時，難免會遇到不熟悉的人，這時到底該和對方說什麼，才能打開彼此的話匣子呢？

在和陌生人說話時，首先要達成的目標就是「拉近彼此的距離」。

由於彼此間沒有交情，相處時的氣氛也必然較為生疏與冷漠。因此為了降低對方的不信任感，我們可以先透過「自我揭露」的方式，向對方透露一些與自身相關的訊息。

我們並不需要將自己的基本資料通通告知對方，而是要從自己擅長的部份中，找出最容易與人相通的話題。可以暢談的議題例如：興趣和嗜好、來自哪裡、彼此認識的朋友……等等，當你以自身經驗拋磚引玉，對方也會和你分享自己的事。例如：

「因為平常工作壓力太大，所以我假日時常和朋友去KTV唱歌，雖然我不是很會唱歌，但藉由嘶吼來舒壓，真的非常有效！你有去KTV唱歌的經驗嗎？你最喜歡唱誰的歌呢？」

以自己的事情作為聊天的起點，再透過反問讓對方也有發表的機會，就能有效促進談話氣氛，而不會出現自己講得口乾舌燥、對方也越聽越無聊的情形。

想愉快地聊天，就要讓對方開口並且陶醉其中

想讓對方認為和你互動很開心，並不需要勉強自己說笑話。當對方有意願和你聊天時，比起傾聽，他們會更喜歡講自己的事情。因此展開交談時，只要選擇能讓對方主動開口的話題，就能有效炒熱氣氛。

可以啟動熱絡談話情境的關鍵字有這些：工作、旅行、美食、興趣和嗜好、天

氣、朋友……等等。這些話題即使彼此不熟識，聊起來也不會有任何問題，只要向對方發問，對方就會主動開口。

「請問你在哪裡高就呢？」

「你和黛比看起來交情很好呢！你們認識很久了嗎？」

除了像這樣直接詢問對方你想知道的問題，還有一種更進階的問話法，能讓對方感到開心，甚至認為你很用心，這就是「先觀察再問」的問話術。你可以藉由觀察對方身上穿戴的物品，或是手上拿著的東西來開啟話題。

「你的髮型真好看，搭配你的臉型相當合適哦！你都是怎麼整理頭髮的呢？」

先讚美對方，再接著對他表示興趣，就能立刻抓住對方的心。

「我遠遠就看到你拎了一大袋的書耶！你經常逛書店嗎？最喜歡看哪種類型的書呢？」對方身邊的東西，象徵他的興趣或動向，由於提問與切身相關，對方便能很輕鬆地沉浸在話題之中。

想和陌生人有一見如故的感覺，並沒有想像中那麼困難。

只要在互動時，從雙方都能輕鬆接話的主題聊起，讓對方感受到你的真誠和善意，並將對談逐漸引導到彼此都擅長的領域，使雙方都可以沉浸在愉悅的聊天氣氛中。例如：「原來你喜歡日式料理呀！我也是！但這附近的美食我其實不太熟悉，你可不可以推薦幾家好吃的餐廳呢？」就能讓雙方都暢所欲言。那麼即使過去兩人素昧平生，也一定能相處融洽、增進情誼。

好感度up教室

怎麼和陌生人聊天，更易一見如故？

O →「你好，我是台北來的王小美，很高興認識你。請問你是哪裡人呢？」

Tip 先介紹自己的背景，接著詢問對方與此同類型的背景資訊。

X →「您好，我是林大明。」

Tip 自己都不願多談，那麼話題也會就此結束了。

談論他感興趣的主題，就不必擔心冷場

把提問焦點放在對方想談的議題上，便能聊天不間斷。

想讓別人興高采烈的和你對談，把話題轉到他感興趣的主題上是最好的辦法。

有次因緣際會，得以和父親家族的親戚聚餐。由於彼此幾乎十年來都未曾見過面，所以在談話時有些生疏。

當時坐在我旁邊的是位遠房表哥，我依稀記得曾從祖父母那裡聽聞他十分擅長打網球，於是問他：「我聽爺爺說你網球打得非常好呢！你曾參加過大型的網球比賽嗎？」他頓時眼睛一亮，興致高昂的和我談及他學習網球的經過，從練習的甘苦、最崇拜的網球名人，一路說到最近的國際網球賽事，討論氣氛可說相當熱烈。

聚餐結束後，母親還忍不住問我：「我怎麼不知道你和他交情這麼好？」但事實上，在此之前我根本沒有見過這位表哥。

如果在需要和許多人同時接觸的場合，不知道應該和對方聊什麼，又希望能用最短的時間在他人心中建立良好印象，不妨從互動中的蛛絲馬跡搜尋對方可能感興趣的議題。你可以從對方的自我介紹中，找出自己擅長或有興趣的部份作為主題。

例如：A小姐在自我介紹時說：「我是某某大學畢業的。」你就可以回應：「我認識一位朋友也是那所大學畢業的。她曾跟我提過那附近有許多美食呢！據說那裏有一家烤肉餐廳很有名，妳曾去過那裡嗎？」藉此試探她對這個主題的反應。

通常人們在介紹自己時，會提到的部分多半都是他願意談論、甚至以此自豪的事物，因此從對方自我介紹的內容談起，不僅可以避免觸及會使對方忌諱的話題，也能成功引發討論的興致。

用啟發性的問句增加好感度

一般而言，人們在談論自己覺得有趣的話題時，都會很自然地侃侃而談，不必擔心會有冷場。但有時也可能在講到一半時，發生大家突然都無法接話的情形，這時就可以用適當的問題進行提示，讓溝通繼續進行。

例如：「你今天遇到了什麼趣事呢？」就會比「你今天過得好嗎？」更適合作為聊天的開頭，前句擁有引發對方思考、豐富對話內容的效果，但後句則會促使對方輕易以「好」或「不好」收尾，而讓話題無法繼續下去。

除此之外，我們還能用不同的問句引導接下來的對話發展。最常使用的問法之一，是在句尾加上「為什麼」。「你剛才說到，你認為茱莉會拒絕母親的相親安排，為什麼你會這麼想？」在討論中詢問「為什麼」能夠促使對方對你所說的話進行思考，或者對於剛才沒提到或概略提及的部份做更多補充。要是對方沒有接著說下去，就可以用「為什麼」引導他朝著你想知道的方向繼續討論。

而如果想要知道對方的看法或態度，就可以在句尾加上「怎麼樣」，用這個問法來鼓勵對方表態。「我記得你上次說過，年假時想去澳洲旅遊，你的行程安排得怎麼樣了呢？」多數人都會擔心說出自己的想法，會受到他人的懷疑或恥笑，因此通常不會主動發表意見，而這個問法則可以讓對方對表態這件事感到安心。

另外，想要確認對方在前一段討論中所說的細節，也可以用「是什麼」的問法作結。

「關於剛才討論的活動節目安排，你的想法是什麼呢？」如此能讓對方將細節進行重複說明，並釐清未交代清楚或可能彼此出現認知錯誤的部份。

透過這些提問的方法，會令與你談話的人知道，你有熱忱與他繼續互動，也就願意說得更多。當我們讓對方在他感興趣的話題上暢所欲言，不僅雙方能聊得盡興，我們也能從中獲得許多新的訊息與知識，收穫肯定比起自己在那邊唱獨角戲或敲邊鼓更豐盛許多。

好感度up教室

跟朋友聊天，該怎麼讓話題延續下去，才不會冷場？

O → 「你說你最喜歡的歌手是周杰倫，為什麼呢？」

Tip 用啟發性的問句，鼓勵對方延續他擅長的話題。

X → 「聽說你剛從英國讀完碩士並回到台灣工作，是嗎？」

Tip 「是」或「否」就能回答的問題，後面的對話就必須另起一個問題才能接得下去。

用撒嬌快速制服難搞情人，省時省力又開心

讓撒嬌代替嘮叨，即使要另一半赴湯蹈火，他也甘願。

在白金漢宮曾流傳一段關於英國女王伊莉莎白二世的軼事：

某次女王和其王夫愛丁堡公爵為了一件小事起了爭執，公爵因此負氣回到臥室，將自己反鎖在裡面。當女王準備回房時，發現不得其門而入，無奈之下只好敲門。

公爵回問：「是哪位？」

女王趾高氣昂的回答：「我是女王。」

公爵聽完女王的答覆，竟默不作聲。女王逼不得已，只好再次敲門。

公爵再問：「哪位啊？」

女王答道：「伊莉莎白。」

然而公爵還是不願回應。女王等了許久後，只好又敲了一次門。

門內依然傳來公爵的聲音：「哪位？」

女王細聲細氣的回答：「你的妻子。」

這一次，房門終於緩緩地被打開了……。

即使是貴為一國之尊的女王，也仍然是其王夫同床共枕的親密伴侶。公爵並不是希望女王屈從於他，而是想找回婚姻生活中的另一半。女王的架勢就如同我們在工作領域中必須展現出精明幹練的那一面，而且工作夥伴無論關係再好，彼此之間仍會保持一定的禮貌距離。但伴侶由於更加親近，因此更容易在互動中出現磨擦，造成親密關係出現裂痕，所以在維護關係時，自然需要耗費更多的心力。

因此，不要讓公司中的形象跟著你回到家裡，放下工作的身段，在感情生活中彼此都是平等的存在，沒有誰有權力使喚他人，也沒有誰必須伺候對方。伴侶相處過程中，會有爭執與不滿是必然的，只要多一些體諒，多一些柔軟，善用語調、言詞塑造溫情，許多看似無解的問題，就能在無形中漸漸化解。

用溫柔遏止消磨浪漫的大男人和大女人

人們常在與最親密的家人、情人相處時，不自覺地顯露不少壞習慣，例如：擺架子、嘮嘮叨叨……等等，都是扼殺戀愛與家庭關係的高危險因子。

雖然衝突可以促進伴侶、家人彼此磨合與成長，然而並不是每個人都懂得如何聰明吵架，讓彼此吵完後還能毫無芥蒂地和平共處，不妨運用一些小巧思，以柔軟的身段避免正面衝突，既不傷和氣也能使感情加溫。你可以參考凱莉所用的技巧：

凱莉的丈夫總是習慣延遲處理家務事的時間，有時甚至拖到忘記。凱莉為了讓丈夫即時動手做家務，只好不時對他耳提面命，但這個舉動卻經常搞得兩個人都情緒不佳，並且一點效果也沒有。於是凱莉決定換個方法來和丈夫溝通。

那一陣子客廳的燈管已損壞許久，某天她便趁著下班回家途中事先買好了燈管。待丈夫回家後，她就拿著燈管撒嬌地說：「老公，幫人家換一下燈管嘛！」

丈夫卻斜眼看著她：「妳都買回來了，幹嘛不自己換？」

凱莉忍下了想砸燈管的衝動，耐著性子拜託丈夫：「唉唷！你換燈管的樣子最Man了，拜託你嘛！」結果丈夫對她笑了笑，立馬就將燈管換好。

眼見丈夫的超高效率，凱莉立刻拍著手說：「老公，你好棒哦！嫁給你真好！」接著給了他一個大大的擁抱。只見丈夫滿臉自豪的神情，晚餐後還主動幫忙清洗餐具。

把命令似的語氣或強迫性的口吻用溫柔的語調來代替，將「只不過是點小事，不要再拖拖拉拉了！」換成「我真的忙不過來呢！幫我一個忙好不好？」另一半就不會想再和你唱反調了。

在親密關係中過於強調自尊、硬碰硬的結果，只會磨掉兩人的愛情與耐心，因為沒有人喜歡受到壓迫的感覺。只要稍微回顧一下自己的年輕時光，你就會想起當處在叛逆期時，只要被大人們以命令強迫自己服從，就會沒來由地升起一股想要反抗的感覺。如此你便能體會伴侶是在什麼樣的情況下，拒絕或選擇性遺忘那些你交代他去做的事情了。或許你會覺得這樣撒嬌未免太過肉麻，但身段放柔軟一點，把你的需求以平和的方式明確地告訴對方，就能節省許多力氣和時間，其實是很划算的，而且這招對男女都非常管用。

往後，你的另一半若再有拖拖拉拉的情況，把你的囑咐置之腦後，就用略帶撒嬌的語氣和小小的讚美幫他加快速度吧！

即使婚姻生活離不開現實的柴米油鹽，但想維繫這段關係，愛與依戀的情感缺一不可。而溫言軟語就像是蜜糖，讓我們在淡而無味的日常瑣事中也能品嘗到甜甜的口感，更能適時為總是奔波勞碌的彼此補充愛的能量。

所以，別只是要求對方將你放在心上，用撒嬌與讚美主動敲開他的心門，你才能真正住進他心裡。

好感度up教室

另一半對家務總是拖延或敷衍了事，該怎麼讓他心甘情願幫忙？

O →「親愛的，你這麼能幹，請你幫這個忙肯定沒問題，對吧？」

Tip 用撒嬌兼讚美的方式請求協助，就能軟化對方態度，他自然會願意用心協助了。

X →「我都忙成這樣了，你就不能稍微幫我分擔一點嗎？」

Tip 頤指氣使的責罵，很容易讓另一半心生抗拒，因此即使去做了也不會想多花心思。

過去的豐功偉績，是父母最熱衷的話題

請父母分享他們的年輕時光，光是聆聽也能聊得很開心。

有很多前來尋求諮商協助的人，常會問我相同的問題：「該怎麼做才能跟父母好好相處？」由於世代間想法與價值觀的差異，再加之自小累積的負面記憶與情感，我們跟父母之間的衝突有時難以避免，也因此造成了更多傷害。

我的朋友詹姆是位令人稱羨的黃金單身漢，在知名廠牌公司擔任汽車銷售業務，為人親切有禮，對客戶服務也非常周到，因此總是能創造高額的業績。然而在朋友與顧客眼中和善又好脾氣的他，對家裡的親人來說卻是出了名的難相處。

每次只要他一回到父母家，和家人說不了幾句話就會火冒三丈，開始大小聲，嚴重點甚至冷戰長達數天至數月。所有人包括詹姆自己，都想不通為什麼在他人面前如此有親和力的好人，遇到了父母就會瞬間變臉。

「他們成天就會嘮叨要我趕快結婚，不然就是抱怨我的工作不穩定，社會地位不高又沒保障，明天有沒有工作都還要看老闆心情。」詹姆講到這裡，眉頭就全都皺了起來。在他的記憶中，從小父母就不斷在批評他：表現不夠傑出，在校成績不夠優秀，現在出了社會，又要抱怨他的工作。

明明詹姆已在這個工作上努力了好幾年，也取得不錯的成績，回到家卻要被父母說得一文不值。也難怪詹姆一回家就感到挫折不已，更不可能壓抑得住自己的脾氣。

類似的問題在許多人的生活中都曾經碰過。父母想將上一輩的觀念強加在我們身上，但我們不願接受，於是在拉扯過程中的唇槍舌劍，往往就在彼此心裡形成難以磨滅的愴痛，更成了加深兩代間鴻溝的主因。即便我們心中有著對父母的深深敬愛，但那道鴻溝卻成了桎梏，侷限了我們表達愛的能力。

其實，每個人都會有犯錯的時候，父母更不可能是十全十美的完人。他們都是初次成為別人的父母，不知道該怎麼做才能成為合格的爸媽，也同樣需要在犯錯的過程中不斷學習。在我們身為小孩的認知中，父母就應該是成熟的，不可以出錯，而且要能解決我們所有的問題。但換個角度想，當我們成為了父母，是否也能如此回應孩子的期待？我想，答案應該是否定的。

所以，請嘗試著體諒不知所措的父母吧！原諒那些並非出於真心的話語，也釋放過往爭執帶來的傷痛。他們只是想表達關愛，卻因為不知該怎麼做而用錯了方法。他們也很徬徨無助，對於無心傷害了我們感到痛苦，卻又拉不下臉來道歉。學會讓心漸漸釋懷，你看待父母的眼光，將因此變得美好。

在了解詹姆的情況後，我建議他：「我明白父母的否定令你感到很難受，但他們會這麼做也是出於擔心。或許過去他們曾被父母以相同的方式對待，導致他們也只會用這樣的方法來愛你。既然造成今天這個局面的原因是他們對你放心不下，想方設法讓他們安心，才是最根本的解決之道。找個時間和父母好好談談，告訴他們：『我現在真的過得很好，而且我有想要努力的目標，也為此擬定了未來的人生計畫。我已有足夠的能力承擔自己的人生，請不必為我擔心。』向他們充分表達你的想法，彼此的關係才有轉圜的餘地。」

雖然這個作法無法立刻化解詹姆與父母間長久以來的心結，但我相信只要他願意繼續努力，假以時日，父母對他的態度一定會有所改善的。

父母的陳年往事，是分享愛的心之橋梁

「爸爸、媽媽，我愛您們！」若要用如此直接的方式向父母表達愛意，相信很多人都會感到難以啟齒，但又苦於找不到其他方法來替代。

其實，並非只有說出愛和感謝才能傳達心意。許多父母在意的是和兒女相處的時間，希望擁有兒女的陪伴，也懷念子女們孩提時代的回憶。因此多花一些時間陪在他們身邊，就足以表達出滿滿的愛。但陪伴父母時，又該聊什麼比較好？

如果不想聽父母的嘮叨，又覺得分享自己的生活有些彆扭，這時就可以從過去的美好回憶來開啟話題。

包括父親的豐功偉績、母親的少女時期，或者自己的兒時趣事，都是可以引起熱烈討論的聊天主題。這時總是能看見父母眼睛發亮，興致高昂地談論回憶細節，

讓你忍不住揣測為什麼他們會把那些事記得這麼清楚。這時若能再加上適時的提問：「爸，所以你當時是如何克服那道難關的呢？」或是「媽，妳年輕的時候，一定擁有很多追求者囉？」對他們說的故事表示出高度興趣，彼此就能聊得更起勁。

每個人心中都有個裝載回憶的寶盒，那些印象深刻的記憶，都是我們心底視若珍寶的收藏。何不透過這個機會，挖掘一些父母從前的小秘密，當有一天你回想起這段時光，肯定也會因此感到欣喜不已。

好感度up教室

如何陪父母談心呢？

O →「媽，你以前都是怎麼學習下廚做料理的呢？」

Tip 請父母分享從前的經驗或是豐功偉績，會讓他們感到非常開心。

X →「是哦？我對以前那個年代的事情、觀念沒什麼興趣。」

Tip 如果對父母說的話僅給予冷淡的回應，他們即使想說也不知該如何接續話題。

用陪伴代替教訓，孩子會更願意和你分享生活

避免用自己的價值觀來評論孩子，孩子就會以真心回饋。

前陣子，鄰居小安安的媽媽愁眉苦臉的跑來找我訴苦：「安安最近都不跟我說學校發生的事了，不管我怎麼問她，她都不太理我，該怎麼辦才好？」

我問她：「她上次和妳聊這個話題，是什麼時候的事呢？她當時說了什麼？」

安安媽媽說：「大約兩個禮拜前，她跟我抱怨學校的游泳課，說老師上的課都好無聊。」

我又問：「那妳是怎麼回應她的？」

安安媽媽回答：「我就說：『怎麼會無聊呢？妳還不太會游泳，應該有很多可

以學的東西……。』話還沒說完，她就一臉憤怒的看著我說：『媽媽，妳都不了解我！』接著生氣的跑開了。怎麼會這樣呢？」

在進行親子關係諮商時，很多家長都會問：「為什麼我和孩子總是無法溝通？」每每講不到兩句話，孩子就出現明顯的糟糕情緒，不僅開始抗拒父母說的話，講到最後甚至被回以：「你根本就不了解我！」讓這些愛子心切的父母非常受傷。明明沒說錯什麼，孩子為什麼會有如此強烈的情緒反彈？

這是因為，身為長輩，父母往往習慣用自己的價值觀去評斷孩子，進而否定孩子的感受，也難怪孩子會認為父母無法理解他們的心情。有些孩子甚至會因此自卑地想：親如爸媽都不能接受我了，還有誰會接受我呢？而使得孩子與他人的情感交流出現障礙。如果從小自己的感受就不被接納，往後便不知道該如何表露情感，也不懂要怎麼體恤他人的感受。但這僅僅是因為他們的同理心沒有被啟發而已。

即使父母對孩子的想法不能接受，也不要去否定他的感受。維持中立的語調，請他分享心情，你會從中得知他的想法，因此而更了解他。

平等互動，讓親子時間在輕鬆愜意中度過

受到傳統觀念影響，台灣的父母和孩子對話幾乎都是以「上對下」的態度進行：「跟你說用這個方法比較好，你為什麼不聽話？」

有些父母還會用過去的自己和孩子比較：「我以前在課業上表現得多好，你為什麼都不像我？」殊不知，這些話語其實是親子相處的地雷。

父母的確比孩子累積了更多的知識和人生經驗，而孩子也的確需要父母的教誨，才能在學習的過程中少走一些冤枉路。但是，時代一直在轉變，現今的孩子面對的大環境以及生活上承受的壓力，與過去有相當大的差異。一味的聽話，並不足以讓孩子應付當前不斷變遷的局勢。孩子需要的並不是聽話，而是父母的從旁支持與信任，幫助孩子發展出一套適應環境的生活模式。父母威權的壓力與否定，會扼殺孩子學習應變的機會，更抹消了孩子成功的可能性。

請給予孩子平等的對待。他們可以變得優秀，但父母的理解和肯定在其中扮演了至關重要的角色。當孩子犯了錯或遇到困難，若硬要他照著父母的方法做，會令他變得更加沮喪，但以經驗分享的方式從旁提供建議與協助，則會使你的孩子有勇

氣面對橫亙在眼前的難題。

例如，孩子總是粗心大意、忘東忘西，與其屢屢責備他：「跟你講過多少次了，每天睡前都要先檢查隔天該帶的東西有沒有準備齊全，才能上床，你怎麼總是聽不懂？」

不如和他分享你的作法：「你可以試試看我的方法：先在一張紙上寫下每天固定要帶的東西，並把這張紙貼在大門上。你每天要出門前，再對照這張表進行檢查，就一定不會再漏掉東西了。」孩子就會開心地接納你的建議。

從同理心出發，讓孩子感受到父母的尊重與體諒，孩子也就能體會父母的用心，彼此的互動不僅少了一些隔閡與障礙，更會多出許多愜意與溫馨。

好感度up教室

該如何和孩子溝通，才不會總是不歡而散？

O → 「兒子，我有個還不錯的點子想和你分享，要不要參考看看？」

Tip 用平等的態度對待孩子，孩子就能聽得進父母的關心與建議。

X → 「之前就警告過你，這麼做一定會失敗，你就是不聽！」

Tip 用不屑或嘲笑的語氣和孩子說話容易激怒對方，爭執便由此而生。

FLOWER

Chapter 05

這樣做，不必說話漂亮也能打動人心

與人交心，不一定只能依賴言語。
當言語表達有所侷限的時候，
不妨利用其他的方式來為自己加分，
一個眼神或一個手勢為彼此交流帶來的影響，
經常更勝過千言萬語。

別害羞，用你的熱情感染對方

別怕用熱臉貼冷屁股，堅持到底就能打動人心。

威利在福特汽車公司的資料室負責打雜。這個工作既無聊又得不到任何成就感，使得威利每逢上班日便無精打采，工作時也心不在焉，經常出錯。他的上司看不過去，於是找個機會把威利叫到辦公室，嚴厲地訓了一頓。

倒楣的威利帶著滿腔委屈下班回家，一見到父親，就忍不住抱怨起自己工作上的不順遂。

威力的父親是一名老鐵匠，聽完威力的不滿，父親沉默了好一會兒，便轉身拿起火爐旁的大鐵鉗，從爐中夾起一塊燒得通紅的鐵塊，丟進一旁裝著冷水的水桶中。水瞬間轉為沸騰，伴隨一陣白色的水氣，緩緩在空中飄散。

父親意謂深長地對威利說：「你看，當我把燒紅的鐵塊丟進冷水中，水和鐵的較量就開始了——冷水想使鐵冷卻，讓它喪失原有的熱度；而熱鐵卻想使冷水沸騰，讓冷水無法輕忽熱鐵的熱度與動能。如果將工作比喻為水，那麼你就是熱鐵，如果不希望自己被水冷卻，你就得讓水沸騰！」

這時威利才恍然大悟，開始反省自己的工作態度，也發現雖然自己希望能為公司做得更多，卻從未將這份熱忱傳達給上司知道。

因此，他除了盡力將無聊繁瑣的基層工作做到最好，也不斷利用各種機會與上司溝通，期望能獲得更多可以彰顯自身能力的工作。不久之後，他便獲得上司的提拔與重用，最後更成為了福特汽車公司歐洲營銷部門的總經理。

熱情不僅能成為鼓舞自己前進的動力，也能為冰冷的人際關係加溫。威利的鐵匠父親，用自己對工作的熱忱改變了消極的兒子；而原本嚴厲的上司之所以後來對威利刮目相看，也是因為從威利的積極溝通中，感受到了他熱忱的心意，進而發現他是一個可以培養的人才。

如果一個人空有非凡的才幹，對自己負責的事務卻沒有任何熱情，那麼即使他完成了被交付的任務，也肯定忽略了熱情才是推動一切臻於完美的要件。

與人溝通時，熱情更是打動對方的加分秘訣。雖然對於一段辯才無礙的論述，聽者會產生「嗯！似乎有點道理」的想法，但沒有華麗詞藻卻懇切真摯的表現，卻會令人由衷升起一股「天哪！說得真是太棒了」的感覺。滿載熱情的言語，會自然而然地贏得他人的情感認同。

在著名的印度電影《心中的小星星》中，當美術老師發現了小男孩的繪畫天份後，告訴他的父母：「他不笨，而是與眾不同。」這句滿溢情感與希望的言語，成功撼動了男孩父母的心，扭轉了父母始終認為男孩是「問題兒童」的觀點。

「說之以理，動之以情」，有時儘管我們的說詞句句成理，但沒有絲毫熱情，他人也無法由衷地感到認同。唯有讓彼此的心意相互輝映，才能激盪出心的暖流，引發最真摯的情感共鳴。

運用肢體表現傳達情感，更能抓住人心

如果你懷抱著滿腔熱情，卻又拙於言詞，不妨使用肢體語言傳遞情感，有時反而比言語更能達到你要的效果。

有人說：「眼睛會說話。」眼神是最能表現個人情感的靈魂之窗，即便不經意的一瞥，也會令人察覺自身情緒的蛛絲馬跡。少女的回眸凝望，能在一瞬間擄獲戀人的心，就是最好的印證。

在溝通時，與聽者四目相對，專注凝視對方的眼睛，除了表示你的誠懇，也能順便觀察對方對於談話內容的反應——是否對這個話題有興趣？應該在何時結束對談？以此掌控互動的氣氛，維持溝通的品質。

另外，恰當的手勢也是傳情達意的好方法。我們平常在說話時，會不自覺的做出符合情緒狀態的小動作，例如：邊說邊搔頭，會給人「我很困窘」的感受；而將雙手交叉放在胸前，則會表達出「我不太認同你的說法」的心裡話。

其實你並不需要刻意做出特殊的動作，只要跟隨語氣做出相應的手勢，再略微加強力度即可。當你想要表達堅定的感覺時，可以握緊雙拳；若想表達疑惑，則可

以用手支撐下巴……等等。若能善用肢體語言傳達出的訊息，達成有效的溝通並非難事。

而且，在話語中傾注熱情，並善用適度的肢體語言增強情感，可以讓原本對你沒興趣的人也產生想要親近的吸引力。

當然，凡事都要切記不可過度，要是你連對不熟悉的人，也表現的像個人來瘋的酒店媽媽桑，就容易引起他人的反感囉！

好感度up教室

如何在陌生人面前自然地展現熱情？

O ➜「你好，我是王小明，很高興能認識你！」

Tip 向對方表達對這次會面的期待與喜悅，他也會微笑著給予相應的回覆。

X ➜「我是王小明，你好。」

Tip 公式化地交代自己的來歷，對方的回應也會同樣生硬。

會面前先預習，在第一時間塑造好感印象

透過事前準備給對方留下好印象，你的溝通就成功了一半！

美國形象大師羅伯特．龐德曾說：「這是個兩分鐘的世界：你只有一分鐘向人們展示你是誰，另一分鐘則是讓他們喜歡上你。」良好的第一印象在人際互動當中，扮演著舉足輕重的地位。如果你在相遇的第一時間，沒有樹立起良好的形象，那麼無論你在之後的會面中表現再好，溝通的效果也會大打折扣。

彼得是一家房地產仲介公司的業務經理，過去曾創下連續三季獲得銷售冠軍的殊榮，連最難搞的客戶也能被他服務的心花怒放，令人大為嘆服。然而他還是個菜鳥業務時，也曾經遭遇過重大的挫折。

彼得的公司有一項行之有年的規定：公司會為剛進來的菜鳥業務統一訂製一套西裝，但需事先繳交四千元押金。當時剛出社會的彼得，由於手頭不太寬裕，也認為西裝過於正式，穿起來很彆扭，因此仍像學生時期那樣每天穿著休閒服上班。

然而房屋仲介並不是個輕鬆的工作。即使彼得非常努力想做出成績，進了公司數個月後，他仍然一棟房子也沒賣出去，這不禁令他沮喪萬分。這時一位好心的前輩告訴他，有個客戶最近想要購置高級別墅，他們手邊恰好就有一件符合買方條件的待售物件，因此交代他前往客戶住處拜訪推銷。

當彼得來到對方家門口按了電鈴，表明自己的來意，但這家的女主人開了門後，卻一臉狐疑地看著他問：「你真的是房屋仲介公司的人嗎？」彼得趕緊掏出自己的工作證件，向女主人證明身分，但對方只看了兩眼就說：「我的丈夫剛好帶小孩出門，目前不在家，你過兩天再來吧！」說完，沒等他開口，對方就將門關上了。然而，彼得第二天再來拜訪時，女主人連門都沒開，就以丈夫不在家為由，婉拒了他的拜訪。

彼得感到很懊惱，心想：「這戶人家明明想要購置新別墅，但他們為什麼不聽我介紹呢？」於是他跑去求教資深的前輩，想知道這到底是怎麼回事。前輩聽完他的陳述後，並未多做解釋，只是建議他隔天再去一趟，但必須穿著正式的西裝，且在拜訪的過程中，全程面帶微笑。

神奇的事情就這麼發生了！這一次的拜訪出乎意料地順利，他不僅以漂亮的價格成功出售了原先想向顧客推薦的房子，對方甚至還表達了希望買下另一戶預售屋的意願。而一直等到正式簽約時，那位女主人才驚訝地發現，原來彼得就是前兩次去拜訪的那名年輕人。她對彼得說：「那真的是你嗎？我當時以為你是個在街上遊蕩的小混混呢！」從那次以後，只要遇到必須面對顧客的場合，彼得必定穿著西裝，以得體的打扮出現在顧客面前，他的銷售業績因此成長了好幾倍。

在與他人相處時，你的衣著就等同於你的態度。如果你以輕鬆隨便的衣著赴他人之約，代表你對待這次約會的態度也是輕鬆隨便的。希望受到重視，是人們共同的心願。當你慎重的對待會面，對方必定會給予相應的回覆。這讓我想起關於美國史丹福大學建校的傳說。當時的美國鐵路大亨史丹福夫婦，想在哈佛校園內蓋一座大樓紀念已逝的兒子，卻以破舊的衣著前往會見哈佛校長，因此遭到輕視，才轉而建造現今的史丹福大學。我們固然可以說，那位哈佛校長不該以貌取人，但史丹福夫婦明明具備雄厚的財力，卻未以正式服裝出席面談，這是否也表示，他們並沒有真心重視哈佛的校長呢？

別人如何對待我們，同時反應了我們的心態。想讓他人心生好感，就要抱持相應的尊重，對方才會願意與你交心。

透過事前準備，為你的第一印象加分

衣著是建構第一印象最重要的一環，而初次見面的談話內容，則可為往後的會面打下良好基礎。美國已故前總統羅斯福以其廣博的見聞為人所稱道，有位曾經拜訪過羅斯福總統的人曾說：「無論今天來訪的是牛仔、騎兵、外交官或政治家，羅斯福都可以找到合適的話題，使雙方在任何情況下都能相談甚歡。」為什麼呢？

因為羅斯福在與他人會面前，都會事先蒐集與對方相關的資料，從中找到共通的話題作為開啟對談的切入點。這種作法可以讓雙方一見如故，會更樂意與你交談。你可以從對方的職業、家鄉、畢業學校……談起，既不失禮貌，又可以拉近雙方的距離，若是能從中找到雙方的共同點，更能增加熟悉感。

要是你能向對方的服裝搭配表示欣賞，詢問對方習慣購買的服裝品牌、喜好的服飾顏色、慣穿的服裝類型……等等，藉以稱讚對方的品味，也能令他感到非常開心。

除此之外，與不熟識的人見面時，要注意不能問及太過私人的問題，觸犯到他人隱私，而使對方感到尷尬；也應避免談論具爭議性的議題，例如政治、宗教……等等，而引起他人的不悅。在談話中，一定要經常察言觀色，才不會在無意間做出不禮貌的發言，而遭致他人反感哦！

好感度up教室

如何運用事前預習，讓對方立刻產生好感？

O ➜「久仰大名了！聽說您是位非常優秀的業餘演奏家，在國際上極負盛名呢！」

Tip 從對方的背景經歷開啟談話，他會立刻感受到你的用心。

X ➜「不知您有沒有聽說過某某公司？我就是那家公司的老闆！……。」

Tip 為了讓對方認識自己而拚命自我吹捧，反而會讓他感到厭煩。

把他人的名字印在心裡

你有收過銀行寄來的廣告信函嗎？

許多人收到這類的問候信，通常會看都不看而直接丟掉。但其中有某些信件，即使內容我們並不感興趣，也仍會看到最後，這是為什麼呢？

我後來發現，這是因為他們多半是以「敬愛的○先生」開頭，用姓氏加敬稱的稱呼，而非一視同仁的稱謂如「親愛的客戶」。

這些以姓名來稱呼收信者的信件，並不會增加銀行的行銷成本，卻能給予收信者更尊重與貼心的感受。因為人們通常對於自己的名字相當敏感，被以姓名稱呼，會令人感到比較親切。如果被以「這位先生」、「這位小姐」來稱呼，當事人通常不會有特別的感覺。

因此，若是你希望與交談中的對象拉近距離，以對方的名字稱呼他，是最快速有效的方式，不僅能讓對方對你產生親切感，在交談過程中也較容易保持愉快的心情，因此變得比較健談。

美國匹茲堡大學的伯哈特．巴瑞教授，曾對英國著名作家查爾斯．狄更斯進行過一項有趣的調查研究。

他分析出現在狄更斯十四部小說中的人物，發現被命名為「查爾斯」或「查理」的人物（也就是與作者名字相似的人物），其性格通常都被描述為風趣幽默、善於交際，並且結局都十分圓滿。這顯示了每個人在面對自己的名字時，都會以正面的態度給予回應。

即使對方的名字是相當常見的「菜市場名」，他仍會下意識地在乎自己的名字。因此想給對方留下好印象，請將他的名字放在心裡！如果因為彼此不熟悉，不方便直呼對方的名字，使用姓氏加稱謂也有同樣的效果。

「何小姐您好啊！好久不見了呢！」這麼說的話，對方肯定會感到格外親切的。

呼喚對方的姓名，會令被記得的人感覺揪感心！

前陣子，我家附近新開了一家便利商店。母親有次在那家店繳交帳單，回來竟很開心的告訴我：「哇！那家店的年輕人，好有禮貌哦！」

原來是裡面的一位年輕店員，看到帳單上的姓名後，結帳時便直接說道：「請問是林小姐本人嗎？這是您的收據，請妥善保存哦！」

後來，即使附近有另一家距離更近的商店，母親也會多走一段路到那家新的便利商店去購物。店員一個貼心的稱呼，就換來了店家與鄰里間長久的情誼，真的是一舉數得，這就是用名字呼喚對方的魔力。

因此，想辦法得知並記住對方的名字，你就贏得了對方百分之八十的好感。

如果無法直接得知，不妨禮貌地開口詢問對方：「請問貴姓？」、「請問怎麼稱呼您？」對方通常都會很樂意提供。

知曉了對方的姓名後，若是怕遺忘，有一種相當方便的「名片記憶法」可以幫助記憶。將對方的姓名與相關特徵記錄在小紙片上，在空閒時拿出來反覆背誦，直到記住為止。

每天多花一點時間，去記得曾相識的人名，那麼不只你會記得他，他同樣也會將你裝進心裡。只要比別人多用一點心，對方也會感受到你的誠意，自然有緣更貼近！

好感度up教室

一時想不起對方的姓名，該如何隨機應變？

O →「您好，先前曾與您見過面呢！請問該怎麼稱呼？」

Tip 在打招呼時就表明記得對方，再接著詢問姓名，對方就不會過於在意。

X →「不好意思，我一時忘記了您的姓名。請問您是……。」

Tip 直接坦承自己不記得他的姓名，會讓另一方有被忽略的感受。

發自內心地讓他人覺得被重視

認同他人的重要性，那麼別人也會重視你說的話。

每個人終其一生都在尋找自己的存在感，也都希望獲得別人的重視，因此大多數人都把重點放在「想讓別人認為我很重要」的想法上頭，卻忽略了自己也必須「讓別人認為他很重要」。

敢於表現自己的人，會藉由彰顯自己來贏得他人的目光；羞於展示自己的人，便認為他人不在乎自己而感到自卑。但事實上，只有願意珍重他人的人，才能夠同樣獲得別人的珍視。

曾聽擔任部門經理的朋友說起一段遭遇：

某天，他發現已過了下班時間許久，一位資深職員卻還在加班。

他想了想，便倒了杯熱咖啡，走到那位職員身旁遞給他，並拍了拍他的肩膀說：「真的很感謝你為公司如此盡心盡力！如果其他同事也能像你一樣，我想我們部門的績效與生產力，一定會大大提高的。」說完，他就走回了自己的辦公室。

沒想到，半小時後，那位職員來敲他辦公室的門，對他說：「經理，我在這家公司待了十幾年了，從來沒有人對我說過剛才您說的那番話。我只是告訴您，您的一句話對於我是多麼大的鼓勵，非常謝謝您！」職員說著說著竟掉下淚來。

朋友的一個小動作，竟對他的職員產生了如此大的影響力。據他描述，那位資深職員往後不僅工作更加賣力，甚至影響了其他同事，大大提高了部門的士氣。

因此，想讓他人感到備受重視，有很多種方式，其中一種就是直接對他的努力表示認同，告訴他：「你做得很好，謝謝你。」

這麼做不僅是一種鼓勵，也會讓對方覺得無論付出再多都是值得的，因此更有意願繼續堅持下去。

每個人都希望獲得他人的認同，因此不要吝於付出你的關懷，請記得給努力的人一點鼓勵吧！即使對方正在進行的是非常稀鬆平常的工作，也應該經常鼓勵與感謝對方，而非抱持著「本來就應該這樣」的觀念而輕忽他人的用心。

另一種表達重視的方式，則是以認真的態度看待他人的想法。

當對方主動提供對某事的意見或看法，代表他十分在乎與關注這件事的後續發展。因此，將對方的意見納入考慮，並且無論恰當或適用與否，都要給予回饋，告知對方後續處理的結果。如果對方沒有表示看法，你也可以在面對重要大事時，主動徵詢他的意見，讓他知道自己是被重視的，並且對你具有一定的影響力。

如果能再多花一些時間傾聽對方的心聲，或適時表達關心，這對認真付出的人來說比任何獎勵更有效。有時你不一定能滿足他人的需求或給予實質的幫助，但光是傾聽這個小動作，就足以化解對方大部分的不滿情緒。沒有了負面情緒的加持，那些原先看似非常嚴重的問題，或許就能因此獲得解答。

其實，這些方法都有個共同的原則——以同理心善待希望被重視的需求。當你希望別人怎麼待你，就用相同的方法對待他人。當對方感受到你的用心，就會在無形中一點點加重你在他心裡的份量，他當然也會越加重視你了。

重視他，就是接受他原本的樣子

你可能不知道，僅僅是認同他人的存在，就能得到莫大的成效。

在國小執教多年的林老師，曾和我提到她剛開始教書時的一段趣事。

那時還是新手教師的她，被分配去教導一班讓所有老師都頭痛不已的頑皮學生。只要是教過那個班級的老師，都會被學生氣到跳腳。

聽到這個消息，只是菜鳥的林老師自然十分緊張，不得不帶著戒慎恐懼的心情去上了第一堂課。

果真如傳聞所言，還沒進到教室，在遠遠的走廊林老師就到聽見教室內的喧嘩聲。她在教室外觀察了一陣子，發現這些學生之所以肆無忌憚，是受到一位看來很出鋒頭的學生影響。她心裡這麼想著：「解鈴還須繫鈴人，或許這個學生反而是重整班級秩序的契機。」

於是第一天上課，林老師就指名讓這位男同學擔任風紀股長。沒想到，這個決定的效果竟出奇地好。

只見這名總是帶頭作亂的學生開始認真的管理秩序，若是有人擾亂上課秩序，他甚至還會數落別人的不是。

「當我稱讚他做的很好時，他那認真的神情，實在讓人很難聯想到他曾經是個搗蛋鬼！」林老師笑著告訴我。而被稱讚過後的搗蛋王，管理起班級秩序就更加賣力了。

一個小小的決定，就解決了讓所有老師都頭痛不已的問題。然而事實上，林老師只是認同了那位藉由擾亂秩序、希望獲得師長關注的學生，當他知道師長是重視並接納自己的，所有的問題也就迎刃而解了。

能夠無條件的被他人接納，可以說是人們心中最深層的需求之一。

希望別人接受自己毫無矯飾、最原本的樣子，不以自我的價值觀進行批判，沒有任何預設立場，是所有人共同的期盼，但要以相同的態度對待他人卻十分困難，這也是我們在與他人相處時幾乎都會碰到的盲點。

想要避免這種情況發生，最根本的解決方法就是杜絕挑剔的習慣，以正面的角度看待對方。不過份關注他的缺點，並對他的優點多加讚美，甚至把那些不完美的部份視為他的個人特色。如此不僅能提升對方的自尊心，也可幫助他強化自我形象，認可自己的存在價值，讓他發自內心的感到被重視。

大家都希望被他人放在心上，而願意重視別人的人，也會自然而然地獲得重視。把對方裝進心裡，你就能在他的眼中看到自己。

好感度up教室

如何向對方表達重視與鼓勵？

O →「我正在做一項重大的決定，因此想詢問你的意見。」

Tip 在決定重要的事情時，先詢問對方的意見。並非問了就一定得接受對方的想法，但這麼做能讓對方覺得你很重視他。

X →「我想你應該能做得更好。」

Tip 雖然表達出對他人的期望，但也容易讓對方產生「你認為我不夠好」的念頭，反而會造成壓力。

對他人給予真心的讚美與感謝

表達心意要及時，
你的一句鼓勵很可能
影響他人一輩子！

好萊塢知名演員傑克・尼克森，在電影《愛在心裡口難開》中，飾演一名患有強迫症的潔癖作家馬文，只要一碰上他看不順眼的人，就會毫不留情地用犀利毒辣的言詞大肆批評，使認識他的人都避之惟恐不及。然而，並不是每個人都有辦法成功躲開馬文，在餐廳工作的女服務生卡蘿就是倒楣鬼的其中之一。

卡蘿生性開朗，但卻是個必須獨立撫養罹病獨子的單親媽媽。因為兒子的病況不穩定，她時常必須請假在家照顧兒子。

馬文在與卡蘿相處的過程中，逐漸愛上了這位開朗的女性。當他發現自己沒有卡蘿協助點餐就無法吃飯時，他開始動用關係，聘請專門的醫師照顧卡蘿的兒子，讓卡蘿能夠回去上班，並且不求回報。

久而久之，馬文的用心漸漸打動了卡蘿，使她答應了馬文的邀約，但這並不足以讓她愛上馬文。直到某次約會中，卡蘿要求一向毒舌的馬文說一句讚美的話。「你再不說，我就要走了。」她如此逼迫他。

馬文不得已，只好勉為其難地開了口：「因為妳，我開始接受心理治療了。因為妳的出現，讓我想要成為一個更好的人。」

卡蘿聽完，停頓了許久，才緩緩地說：「這是我一生中，聽到過最好的讚美。」

其實，因為不習慣讚美他人，馬文並未說出任何我們經常聽到的讚美之詞，但他這句發自肺腑的言語，卻深深感動了卡蘿，以及螢光幕前成千上萬的觀眾。

讚美與感謝，並不是非得直接說出讚美的話不可。「你很優秀！」、「你真是個體貼的人。」類似的讚美詞或許很明白易懂，但有時不免流於表面與空泛。事實上，我們只需要懷著一顆感謝與真誠的心，把想說的話傳達給對方就可以了。

例如，當他人為你遇到的難題提供了建議時，你可以說：「謝謝，你的提議真的很棒！」但若你這麼說：「你的意見非常受用，謝謝你。」會讓對方備受肯定，往後也會更樂意給予你多方的協助。

一句真心的感謝與讚美，會比實質的回饋更令人感到窩心。

不要遲疑，現在就將「謝謝」說出口吧！

我們經常能在他人的喪禮中，聽到類似這樣的話：「對不起，在你還健在的時候沒能好好陪著你，我甚至還來不及感謝你多年的照顧，你就已經離開了……。」這些讚美與感謝的話，如果能在對方還可以聽得見時，就好好地傳達了出去，該有多好呢？是否就會少了許多不必要的遺憾與後悔？

有些話，錯過了最恰當的表達時機，以後就再也沒有機會說出口了，因為沒有人能夠預知下一刻會發生什麼事，沒有人能夠保證明天肯定還能再遇見對方。所以，請鼓起勇氣，把你想表達的讚美與謝意勇敢的讓對方知道吧！若是不知道該如何讚美他人，可以經由觀察來找出對方身上的優點，並經常關注和肯定這些優點，這是想與他人建立長久的良好關係時，必備的技巧。

當然，若只是單純的告訴對方：「你真是個好人！」對方也會覺得莫名其妙：「我到底是哪裡好？」但如果你這樣說：「你下班後也經常主動幫加班的同事買晚餐、處理公事，真的好貼心哦！」那麼他才會知道你讚賞的部份，並且確實的知道該怎麼做才能真正幫上你的忙。

再來，讚美也要注意時機。若能在第一時間主動讚美對方，或向對方道謝，最能鼓舞對方。若是事後才表達，再多美好的心意也只能打對折了。

用誠懇的話語，在最好的時機下，向對方表達你真實的心意，不僅能加深雙方的關係，也是為了讓往後的自己，不再徒留懊悔與遺憾。

好感度up教室

想讚美或感謝對方，卻不知如何開口時，可以怎麼做？

O ➜「致親愛的媽媽，很感謝您一直以來的照顧與付出……。」

Tip 透過寫信或小卡片的方式，以文字傳達謝意。

X ➜「不知道該怎麼表達，還是算了吧！」

Tip 要是因為害羞就放棄，就錯失了一個增進情誼的機會了。

用簡單的附和讓對方對你掏心掏肺

如果你有實際參與過心理諮商活動，你一定知道在諮商過程中，適度地引導諮詢對象表達內心的想法，是心理諮商師的必備技能。

由於會尋求心理諮商協助的人，通常都是太過壓抑自己的情緒，而影響到日常生活，才來求助治療。因此引導客戶表達感受，是心理諮商活動中不可或缺的部分。

而為了引導諮詢對象表達，鼓勵他們「多說」，此時回應或附和對方話語的技巧就顯得十分重要。適當的回應不僅可以使諮詢對象說出內心的想法，釐清真正的問題所在，也能幫助對方發洩積壓的情緒，減輕由負面情緒所帶來的負擔。而當情緒被釋放出來後，感到輕鬆不已的患者便會卸下原有的心防，進而開始思考問題的解決方案。

因此，若是你想要提升溝通的效果，希望對方說出藏在心裡真正的想法，你可以善加利用回應的技巧，在對方滔滔不絕時，適度的向他傳達「嗯！我懂。」或「是的，我明白。」只要使用類似的簡短附和，甚至只是微微點頭，專注凝視對方，就能提供給對方信心，促使他暢所欲言。

順應他的情緒氛圍接話，就能獲得意想不到的情報

雖然溝通時附和對方的情緒，是在對方深陷情緒低潮時很重要的互動技巧，但生活中偶爾也會發生這種情況：

太太跑來向你報告和親戚討論家族事務的細節，然而說著說著就忍不住開始抱怨：某一家人都只想到自己，哪個親戚根本事不關己……。你聽完了太太的抱怨，讓她一吐怨氣之後，她滿足的繼續去做家務，但你還是無法從中得知最重要的事情：最後的討論結果到底是什麼？

如果你和對方交談的目的，除了想幫助他抒發心情，還希望能從他口中獲得一些有益的資訊，那麼在應和對方的情緒時，也必須對談話的內容進行提問，引導對方朝著你想要了解的方向做進一步的說明，才能達到徹底溝通的效果。例如：

「那麼，這件事的後續發展又是如何呢？」

「你說的這件事感覺很有意思，你可以再多說一些嗎？」

在談話中以問句收尾，會對正在表達的一方有所鼓舞。在一般的情況下，對方即使想與你討論某件事情，也會顧慮你是否對這個話題感興趣，而顯露出猶豫的神情。另一種情況則是像那位太太的抱怨一樣，因為被情緒沖昏了頭，而使討論的內容失焦。這時你便可以透過問句表達自己想要更進一步了解的立場，並鼓勵他繼續往下說。

然而，無論你是用何種回應，都要注意不可針對他人的敘述內容做出判斷，或是對於對方的觀點做出認同與否的表示。例如：「我覺得你是對的」或者是「他怎麼可以這樣？好過分哦！」類似這樣的回應，都要盡量避免。在談話的過程中，應始終保持客觀與中立的態度，才不會使溝通的主題失焦。

若是對方越說越激動，而無法控制自己的情緒時，感同身受的態度可以幫助他漸漸平復。例如：「我想你現在一定感到很生氣，對嗎？」、「你覺得很難過吧？我可以理解。」

如果你的溝通目的，是促使對方說出你想知道的事情，就須切記不可輕率的表態，也不要讓對方的情緒影響到你。否則，你不僅無法得知想要的情報，也可能因此讓對方感到不快，他以後就更不可能推心置腹地與你交談了。

好感度up教室

如何讓對方即使處在情緒中，也能提供我想知道的訊息？

O →「嗯！我明白你的感受。所以，這件事又有什麼後續發展呢？」

Tip 認同他的情緒反應，並以問句引導他繼續說下去。

X →「噢！我知道你才是對的，但我想知道的是這件事的最終結果。」

Tip 無視對方的情緒就直接提問，會讓對方感到不滿，並且只會針對你的問題給予答覆，你便無法從討論中獲得額外的資訊。

三思而後言，不讓情緒性字眼脫口而出

用言詞責罵對方，對解決問題一點幫助也沒有。

在一般的情況下，想要維持良好的溝通氣氛，絕對要避免讓自己隨性地說出情緒性的字眼，或是太極端也不雅的用詞。因為這一類的用詞通常都帶有貶低他人的意味（例如俗稱的罵人三字經或「豬」、「笨」等負面形容詞），它們對於讓別人理解你所說的話並沒有任何幫助，反而會使對方將注意力放在這些用詞上，導致溝通氣氛更加低落。所以除非你的溝通目的是要激怒他人，否則都應時時調整自己的情緒，不要讓情緒性的字眼脫口而出。

避免說出帶有貶義的情緒性字眼，這一條溝通原則無論在何種形式的溝通情境下都適用。通常會出現情緒性字眼的對談場合，多半是自己正處於情緒中，或被對方的錯誤與說話態度惹惱的狀況下。例如下面常見的這種對話：

「為什麼每次都做錯？教都教不會，你的理解力有問題嗎？」

「我跟你說過多少次了，這件事不能這樣做！你到底有沒有在聽？你耳聾了嗎？」

要說出這種話，對我們來說真的是太簡單了，因為我們只要任由情緒自然宣洩，這些話就會輕易地脫口而出。但是，倘若我們自己就是被罵的那一方，你認為你聽到這些話後，會把焦點集中在哪個部分？肯定是「有問題」或「耳聾」。

因為我們對他人的攻擊經常十分敏感，也會自動被激起防衛的心態。有攻擊就一定要防禦，才能避免受傷，這是生物的本能。但你要作的並不是讓對方對你有所警戒，而是希望他能接收到你的關切。無端激起他人的防衛心，只會使對方更聽不進你說話的重點，而讓討論的內容失焦。

因此，請讓自己在討論中維持理性，不要為了逞口舌之快而破壞了討論的良好氣氛，才能順利且有效的與對方溝通。

表達的方式不同，聽者的理解程度也會不一樣

古希臘的哲學家愛比克泰德曾說：「污辱不是別人的錯，是你的想法讓你受辱。」我們對別人話語的理解程度，對我們的感受有很大的影響，而這一點也是主導溝通結果的關鍵。因此如何去解讀別人說的話，其實是一門相當重要的學問。

即使別人說出的話帶有貶義，我們仍然可以選擇將接收到的訊息單純化，例如：「為什麼特別叮囑過你了，卻還是做錯？你的理解力有問題嗎？」但他想傳達的訊息其實只有：「是什麼原因導致這件事出了差錯？」如此理解的話，就能很理性的找出問題的解決方案，避免下一次又出現重複的錯誤。

所以，為了維持良好的討論氣氛，首先必須注意的是，避免說出具有質問與責罵意味的言詞。帶有人身攻擊意味的用詞（豬頭、機車、差勁、混蛋……等等），或者是質問的用語（「你搞什麼？」、「怎麼會辦成這樣？」……等等）都應該盡量避免。在與對方討論時，即使再怎麼生氣，意氣用事的發言也於事無補，不如坐下來好好的討論，將事情善後，或者思考問題的解決辦法，才是上策。

也請不要輕易意氣用事，把對方的難聽話聽進耳裡。用你的「壞話過濾器」處理接收到的資訊，將對方的訊息單純化，以避免因為對方不恰當的用詞而接收到錯誤的資訊，而影響了自己溝通的情緒。

只要溝通的雙方都能掌握這些原則，體恤對方的感受，並站在對方的立場選擇適合的表達方式，就能有效地開啟良好對話的窗口，使得溝通更為順暢。

好感度up教室

如何理性地協助對方改善重複出現的錯誤？

O → 「我們一起來想想怎麼做才能避免這種結果吧！只要找到問題的癥結，下一次你一定可以做得更好！」

Tip 用同理心和對方站在同一陣線，在感性的表達中加入理性的思考，就能讓對方理解你的關心。

X → 「到底要怎麼說你才會懂？這件事應該要這樣……。」

Tip 你並不是真的想知道答案，卻還激動的質問對方，反而使他下意識地拒絕聽你要說的話。

認同對方，就能避免無意義地爭鋒相對

只要說「您說的有道理」，對方便不好意思再固執己見。

有時我們也會遇到這種情形：

母親瞪著你新買的電腦問：「你買這台筆記型電腦花了多少錢？」

你回答：「這款產品因為配備的等級比較高，買的時候花了十萬元。」

「這也太貴了吧？買這麼貴的東西，你也不想想自己每個月的薪水就那麼一點，怎麼就不會省著點花呢？」母親提高了語氣，看起來是準備對你「疑似」衝動購買的行為長篇大論一番。

我知道，這個時候你一定會忍不住想要回答：「妳錯了，這個價格在同類型的產品裡面已經非常便宜了！」

或是回答：「我是存了好一陣子的錢才出手買下來的耶！又不是一時興起隨便買的。」

但要是這麼說的話，母親的關切行動就可能由一時的責備轉為無止盡的嘮叨不休，對吧？

因此，如果在談話中遭遇被對方否定的狀況，絕對不能以「你錯了」的否定方式來反擊對方，這樣只會刺激對方持續針對你的話做出反應，而不是根據事實來討論。通常會激發人們反抗心理的並不是客觀的事實，而是表達的方式，所以即便你的陳述是正確的，對方也會根據你的應答態度回以負面的反應。

先認同對方的話後，再開始說明你的想法

當遇上被對方否定的狀況時，不妨先認同他的想法，讓對方激動的情緒平復下來後，再接著陳述你的意見。

我們以剛才的例子來做說明，若是聽到母親說：「怎麼這麼貴？」

這時，你可以先附和她的想法：「您說的沒錯，這台電腦的價錢確實高了點。」

接著，略微停頓一下，再開始說明為何你要買下它的理由。

「我在購買之前，已經先比較了一下其他規格相同但比較便宜的電腦。這台電腦之所以價格較高，是因為它的機殼使用了輕量化的材質來製作，所以重量比起同尺寸的筆記型電腦要輕了許多，再加上內部裝置的等級較高，所以具備更好的性能……。」

用這種方式表達你的想法，對方就能以冷靜的態度聽完你的敘述，也更容易理解你是基於什麼樣的理由而有這樣的想法。

如果你想反駁對方說的話，也應該先包容他的意見，認同他也擁有抱持不同想法的權利，才能夠真正抓住對方具體的思維，根據這一點來思索較適合的應對方式。並不是一開口就先以「但是」、「因為」、「不過」等轉折語詞來強調你的立場，而是應該表達出你沒有忽視對方的想法，並且是在理解他的立場之後，才開始和他進行溝通。

先告訴對方「您說的沒錯」、「我明白您的想法」、「的確是有您說的這種情形」……。大多數人都可以理解事出必有因，也明白每個人都會有各自的立場，因此當你這麼說之後，他們也不會過分苛刻地要求你非得照他們所說的去做不可。另外，也要避免直接針對對方的話進行反擊。否定他的想法，他並不會因此就接受你的意見，反而會下意識的拒絕再聽你說話。

大家都希望自己能夠被別人接納與理解，而不是拒絕。想要讓他人接受你的想法，你也必須先理解對方的立場與感受，向對方表明希望能彼此理解的誠意，雙方的互動才得以延續下去。

好感度up教室

如何面對他人的否定，避免因逞口舌之快而起爭執？

O ➜「看來您應該對這一方面的事情非常了解呢！您是怎麼做到的？」

Tip 稱讚並認同對方以轉移話題，不給對方繼續攻擊自己的機會。

X ➜「你這種說法實在有失公正，我無法認同！」

Tip 根據對方的話予以反擊，無異於主動挑起紛爭，只會令討論氣氛越來越火爆。

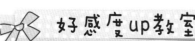

Chapter 06

塑造好感的聊天絕招，讓你我的心零距離

設身處地為對方著想，用心的舉動會讓他人更想再見到你。
不完美也沒關係，因為誠懇才是讓好感度上升的重要關鍵。
溝通不是你自己的獨角戲，想讓他人願意與自己談心，
「聽」跟「說」可得雙管齊下才行。

增加見面次數，逐步釋出好感能量

縮短由陌生到熟悉的時間，是讓好感度飆升的秘訣。

古人說：「近水樓台先得月」，這句話在現代被引申為：若是你和心儀的美女家裡住得近，或者經常見面，就比較容易獲得美女的青睞。

這個有趣的現象在近代心理學被稱作「曝光效應」，也有人叫它「熟悉定律」。提出這一理論的心理學家羅伯特・翟安博士認為，人們較容易對於熟悉的事物有所偏好，當你與對方的見面次數越多，就越容易在對方心理產生好感。

為了驗證這個理論，翟安博士進行了一項實驗：他事先取得了某校當年度的畢業紀念冊，並將裡面所有人出現的次數逐一統計。接著，他讓一群受試者觀看這本畢業紀念冊，並確認這裡面沒有出現任何受試者認識的人。最後，他讓受試者重複觀看畢業紀念冊中某些人的照片，結果發現，那些照片出現次數越多的人，被受試者喜愛的程度就越高。

這個意思也就是說，比起從來沒見過面的人，一般人會更喜歡那些會經常照面的對象，即使彼此沒有直接的互動也沒關係。

但這個原則也有個前提：你必須在一開始就讓對方留下好印象。要是你給對方的第一印象不佳，甚至引起對方的反感，那麼頻繁的接觸只會讓他更加討厭你。所以如果你不慎給對方製造了負面的印象，當他再見到你的次數越多，壞印象也會累積得越多。

這似乎是個壞消息。然而，這並不表示你沒有翻盤的機會。後續的心理學研究結果同樣也證實了，負面訊息經過大量的重複曝光後，訊息接收者也很有可能因此被洗腦，因而扭轉對你的印象，這就是為什麼「死纏爛打」的招數總能奏效的原因。

總而言之，不管他人對你的第一印象是好是壞，多多製造碰面機會就對了。

不要老是依賴網路溝通，花點時間和對方見個面吧！

通常我們碰到陌生人來訪，或接到不認識的來電時，都會比較冷淡。對於不熟悉的人事物，保持警戒是人之常情。因此若是想要拜託或是說服別人，透過經常拜訪讓對方有機會認識你，才能建立溝通的基礎。要是無法在一開始就和他人很自然地寒暄，也可以先從打招呼做起，慢慢的熟悉彼此。

製造見面機會的方式有許多種。其中最簡單也最有效的方法，就是把你想要做的事情，藉機分成好幾次來進行。

比方說，如果你想藉由送禮物增加心儀對象的好感，就可以先找機會去拜訪他，告訴他你有一樣不錯的東西，想要讓他試用看看，並將東西分批拿給他。這種方式不僅不會造成對方的負擔，也能夠為之後的拜訪埋下伏筆，讓你的拜訪顯得更自然不刻意。

如果你和他人之間出現了誤會，當面說清楚也是最好的辦法。這麼做不僅能展現你解決問題的誠意，也可以透過親自接觸而減少對方對你的負面觀感。所以不要只是透過電子郵件或即時通訊軟體和對方交流，想和對方建立良好的關係，一定要多多親自接觸才行。

俗語說得好：「見面三分情。」從前的人們都很懂得這個道理。只是在時代的變遷下，為了讓訊息能夠快速傳遞，我們總是習慣用電話或電子郵件聯絡，反而減少了人與人之間面對面接觸的機會，彼此之間的互動也變得更冷漠。因此，想要與對方保持良好的關係，還是得從見面這件事情上跨出第一步呢！

好感度up教室

想製造見面機會卻被拒絕，這時該如何應對？

O →「這樣啊！那麼改天等您比較方便時，我再撥個電話給您好嗎？」

Tip 先保留與對方接觸的機會，之後再慢慢找時間讓對方答應你的拜訪。

X →「不好意思造成您的困擾了，還是謝謝您。」

Tip 一被拒絕就放棄的話，要再找到其他和對方接觸的機會就會更加困難了。

少講「我」，發揮「以聽者為尊」的體貼精神

雖然在與別人溝通時，「我」是個使用頻率非常高的主詞，但若是太常強調「我」的話，反而會讓對方留下自我中心、談吐傲慢的負面印象。所以在與人交談時，對於第一人稱的使用必須非常謹慎。

舉例來說，如果你想要說服對方認同你的看法，可能會出現下列兩種說法：

A：「根據我對這次事件的分析，我認為問題發生的原因，在於雙方之間並未建立順暢的溝通管道。因此我建議在雙方開始密切合作前，應該先……。」

B：「根據我對事件的分析，會出現這樣的結果，是因為彼此之間溝通不良，

才會導致合作的過程出現問題。所以在進行下一步動作之前，應該先……。」

兩種說法的敘述內容完全相同，卻會給人截然不同的感受。第一種說法裡，說話者重複說了三個「我」字，不僅令人覺得他的陳述過於主觀，還會使聽者認為：「能得到這個分析結果，難道都是他的功勞嗎？」而遭致反感。

但是在第二種說法中，因為說話者並未多次強調「我」，而使得這個分析結果顯得更為客觀可信，這麼一來，聽的人也會比較容易接受說話者的看法。類似第二種說法中省略「我」的說話方式，並不會影響語意表達的完整性，還能避免不斷地重複，而使得語句更簡潔有力。

善用「你」或「我們」，瞬間提升你的溝通力

每個人都希望自己能夠受到尊重，因此如果在溝通的時候，持續將焦點放在對方身上，就能立刻提高溝通的成效。不妨在談話中，多多使用「你」這個字，或是稱呼對方的名字，自然的將重點轉移到對方身上。這麼做的話，可以為聽話的一方帶來愉悅的感受，這就是「以聽者為尊」的道理。而當你將注意力集中在對方身

上，對方反而會對你的想法產生興趣，主動問你：「那你覺得怎麼做比較好呢？」

另一種運用主詞的方式，是以「我們」代替「我」，則會帶來不同的效果。「我們」會讓對方感覺你和他是處在同一陣線上，產生「患難與共」的認知，一瞬間就拉近了彼此的距離。多用「我們」會在無形中加強他對你的情感認同，溝通自然就能順利進行了。

私下的溝通與公開發言不同的地方，在於溝通是雙向的互動，而非由你獨撐大局的單人表演。因此在與他人溝通時，一定要多關注對方的感受。所有的溝通技巧，只要基於「將心比心」，就能讓自己與對方感到愉快，更可以透過溝通增進彼此之間的關係。

好感度up教室

想讓對方重視我想傳達的內容，應該怎麼說？

O →「王先生您好。（停頓一下）關於下一次的活動……。」

Tip 和對方打過招呼後，略微停頓一下，靜待對方的反應，再接後續的內容，比較不容易自說自話或表錯情。

X →「對於這個暑假的家庭旅遊，我的規劃是……。」

Tip 自顧自的說下去，不關注對方的反應，你會發現直到你說完，對方也不曾抬頭看你一眼。

用順水推舟的婉拒，代替直截了當的說「不」

用別人的話當理由來拒絕對方，替他找個臺階下。

許多人應該都有被正在做直銷或賣保險的親朋好友強迫推銷的尷尬經驗。

我第一次接觸到直銷，是因為學生時代的一位好朋友，當時正在一家化妝品直銷公司工作，於是她以「練習為顧客做保養」的名義，拜託我過去她的公司一趟。這一趟果真是讓我開了眼界：直銷人員的工作不只是推銷商品，還希望被找來的親友也能成為他們的下線，因此除了朋友自己說得興高采烈之外，她甚至請出了主管（其實是她的上線）還有她的親戚來說服我，希望我加入直銷工作。當時尷尬不已又無法直接拒絕的我，花了好一番力氣才從那裡脫身。之後有好長一段時間，我都不敢再接那位朋友打來的電話，兩人從此就斷了聯繫。

回想起來，若當時我能夠好好向她傳達自己的想法，即使無法直接拒絕，也應該婉轉地告訴對方，自己並不喜歡被推銷，說不定現在我們仍會是好朋友。

生活中，若是遇到難以拒絕他人的情況，即使開口說「不」非常艱難，應該拒絕的時候還是要拒絕。適當的拒絕並不會傷害彼此的情誼，但若將真實的心聲積壓在心裡，反而會滋生反感，這才是真正構成雙方之間隔閡的主因。你可以用比較委婉的方式表達自己，但不能完全不表態。

如果遇到的對象非常強勢，又不敢直接拒絕對方，也千萬不要就這麼被對方牽著鼻子走。要是不擅長與強勢的人相處，可以在見面之前，先想像對方與家人或親密的朋友間，可能會怎麼相處。只要在自己的心中為對方建立起親切的形象，那麼跟對方見面時自然就不會過度緊張了。

用婉轉的說話方式表達拒絕之意

由於多數人都非常體貼與善解人意，害怕拒絕會讓對方下不了台，也傷害雙方的感情，因此經常無法直截了當的拒絕對方。但若沒有好好地拒絕，而被強迫做了自己不喜歡的事情，也會令人非常傷腦筋。你可以先聽完對方的論述之後，根據他的說法提出自己的疑問與意見，說之以理並取得對方的諒解，就可以有效減少對方因為被拒絕的而產生的難受情緒。然而即使這麼做，仍可能遇上有理說不通的情況，這時不妨借他人之口予以拒絕。

我碰過許多相當聰明的男士，每當接到不想去的應酬邀約，他們就會說：「不好意思，我太太今天非得要我晚上回家吃飯不可。」或者是：「真是抱歉，今天是我母親的生日，我得去幫她慶生，待會就必須離開了。」諸如此類的回答，善用別人的話來拒絕，即使沒有明確的說出「不」，仍能達到婉拒的效果，而聽的那一方也不會因此覺得不舒服。

另外，想辦法拖延時間也是種方式。當朋友向你借用新買不久的愛車，而你並不想借他，你就可以說：「我最近可能要用到車，我過幾天再答覆你好嗎？」用拖延時間的方式表達出「可能不行」的意思，讓對方有被拒絕的心理準備，並可事先準備替代方案。

還有一種不會失禮的拒絕方式，是先接納後再拒絕。舉例來說，當對方來拜託你幫忙時，你可以說：「我真的很想幫忙，但最近我的工作量加重，無論是精神或體力都有些負荷不了。我想我可能無法做好這件事。」如此便不會讓對方覺得反感。

要是覺得直接拒絕會得罪對方的話，不妨考慮用這種方法來婉拒對方。如此一來，即使他人心裡可能會有些不滿，但也不致於傷害雙方感情，學會圓滑處理敏感問題的權宜之計，以後你就可以輕鬆說「不」零負擔！

好感度up教室

如果你已拒絕了，對方還是勾勾纏，該怎麼應對？

O → 「但這個問題如果不解決的話，我實在沒辦法幫忙。請等障礙排除後，再來通知我好嗎？」

Tip 把問題丟回對方，請他想辦法處理。

X → 「不好意思，我沒辦法幫忙。可以請你不要再打擾我嗎？」

Tip 如果不堪其擾而直接拒絕，對方會覺得面子上掛不住，友誼也到此為止了。

遇到想抱怨的人，就讓他說完吧！

不小心成為被傾訴的對象，就當成八卦一樣過耳即忘吧！

因為工作的關係，我除了必須傾聽前來諮詢的客戶心聲外，也經常會有許多親朋好友跑來找我傾吐內心的不滿。這時，若是受到對方影響，而跟著陷入負面情緒中，不僅對他們沒有幫助，自己的心情也會越來越糟糕。所以當遇到想要傾訴的人們，一定要記得保持自己客觀的立場，而不是跟著對方一起墮入無解的深淵。

一般而言，這些不吐不快的人們，多半只是想透過傾訴來發洩積鬱在心的負面情緒，也就是所謂的「發牢騷」。他們並不會刻意要你認同他們的看法，或者是希望你發表意見。所以遇到這一類的情況時，你可以用「是啊！」、「這樣啊！」、

「嗯！我了解。」這種不帶有自我意識的附和語氣，讓對方把他想講的話說完。

先前美國雪城大學的心理學教授約書亞．史密斯曾發表過一個相當有趣的社會心理學研究結果，他說：「當人們開始抱怨達二十分鐘後，多數人就會覺得心情非常舒坦了。」

給對方一點發洩的時間，這麼做並不會花費你多少力氣，又可以幫助對方，何樂而不為？等他說完，就會自己漸漸平靜下來，這時你再想辦法將話題轉移到其他事情上，就能停止對方無止盡的抱怨了。

不另做回應，是面對抱怨時的明哲保身之道

有許多人在面對別人的抱怨時，總會為了提供自己的見解而忍不住打斷對方。這當然是基於好意，想為陷入困擾的人指出盲點，進而找出實際可行的解決方案。但事實上，傾訴才是這些抱怨者的當下需求。若是對內容胡亂回應或發問，就可能打亂對方想要傾訴的心情，因而遭來對方的白眼或反感。若是你不知該如何回應，那麼保持謙和的姿態，靜靜地聆聽即可。

如果對方是特地為了抱怨某個人或某件事而來詢問你的意見，這時就要十分小心，不能掉入落人口實的陷阱。

我有位女性朋友就非常聰明。因為她的個性極具親和力，無論同事或朋友，大家都很喜歡找她聊天，而這種場合也經常免不了會討論到一些無中生有的八卦。

有次她被人問道：「妳覺得某某人怎麼樣？」

她立刻回答：「我認為她是位非常優秀的同事。」

對方卻沒放棄，還繼續追問：「可是我經常可以聽到她在批評妳耶！」

這時朋友卻笑著回應對方說：「但你剛才是問我，我怎麼看待她這個人，而不是她怎麼看我，對吧？」

若是朋友在這個關鍵點說出：「是呀！她真是過分。」或者是說：「太差勁了吧？」以對方那種喜愛散布八卦的心態，這句話一定過不了多久就會傳到被批評的人耳裡，說不定還會在一傳十、十傳百的過程中，被扭曲的更加厲害。

為了避免這種情況發生，若是被問及對別人的觀感或看法時，一定要以正面的態度回應。

「他其實沒有像你說的這麼糟糕啦！」類似這樣立場不清不楚、模糊的回答，多半會被認為是附和對方的批評，也容易出現被扭曲的空間，應該盡量避免。

包容他人傾吐心聲，是成熟且體貼的行為。

畢竟每天面對壓力排山倒海而來的生活，每個人都免不了會有想要抱怨、想要訴苦的時候，而一位善意的聽眾通常比實際的建議更為受用，有時傾訴過後反而因此想到解決之道。

若是不得已被問及對別人的看法時，只要以「我覺得他非常熱心。」或是「在我看來，她是位很善解人意的朋友。」明白地讚美他人，就能避免遭到有心人的惡意曲解。

若是你認為對方的抱怨會導致討論無法順利進行，也請先保持耐心，等待對方的情緒稍稍平復後，再巧妙地將焦點轉移其他地方。例如：「你說的這些我都能理解，因此我有另一件事也想詢問你的意見……。」或者是「事情確實如你所說。那麼，你對於另一件事又有什麼看法呢？」善用轉移焦點把話題引導到另一個方向，就不致於影響到討論的進展。

沒有人喜歡聽別人抱怨，但若是傾聽對方的苦水，就能夠協助他解決不愉快的情緒問題，那麼何樂而不為呢？

只要在這個過程中，隨時注意不讓自己也跟著抱怨、受到對方的不滿情緒感染，就不必害怕心情會被對方影響了。

好感度UP教室

當不得不面對他人的抱怨時，如何才能妥善應對？

O ➜「在那種狀況下，你會生氣也是正常的，我可以理解。」

Tip 認同對方的情緒反應，讓他將不滿的感受自然流露出來，不久後他就會漸漸平靜下來了。

X ➜「我知道你很生氣，但事情都已經過去了，就原諒他吧！」

Tip 阻止對方發洩，硬是將他的情緒壓抑下去，反而會助長他的不滿，對失控的狀況於事無補。

別獨自生悶氣，需要幫助就主動開口吧！

需要支援就直接告訴他，別讓等待傷害彼此的感情。

有次我和朋友們相約吃飯。大家閒聊之間，話題不經意地轉到了羅莎的男友，卻看見羅莎一臉的不滿。

「你看起來不太開心的樣子耶！你們小倆口吵架啦？」我問她。

「不算吵架……倒不如說，他根本不知道我在氣什麼！」羅莎哀怨的回我。

「前幾天下班時，想說男友會來接我，於是就在公司邊工作邊等。沒想到，等到最後一班公車都走了，才終於接到他打來的電話，說：

『我到家了。咦？妳還沒下班嗎？』

我聽到這句話，當下氣到直接就掛了電話。他竟然沒先打通電話告知我，就自己回家了！怎麼可以這樣？」羅莎越講越激動，氣到臉都紅了。

我安撫她：「好啦！先別生氣了。他工作的地方距離妳的公司很近嗎？」

羅莎說：「不是，有一段路程，他下班後再過來的話並沒有很順路。」

我又問：「那妳有事先告知他，請他下班之後過去接妳嗎？」

「沒有呀！我想說他下了班就應該會打給我，先確定我有沒有要坐他的車才對吧？」羅莎一臉理所當然的這麼說。

我想，在座的朋友聽到她的回答，應該都忍不住在心裡ＯＳ：「沒有這麼理所當然的事吧！」雖然是交往多年的情侶，也不可能成為對方肚子裡的蛔蟲，對方在想什麼，不用多說就都會知道。

理所當然的態度，也會在其他生活層面中引發問題。如果有什麼事情想請求他人幫忙，一定要由自己主動說出口。要是什麼都不說，就一味責怪他人不懂你的心，而獨自一個人生悶氣，那就只能說是自討苦吃了。畢竟，社會上絕大多數的人都是普通的平凡人，沒有超能力也不可能會讀心術，不是嗎？

希望對方依照自己的期待完成要求時，就明確的表達：「不好意思，可以請你幫我一個忙嗎？」誠心誠意地開口拜託對方，並沒有你想像中那麼難以啟齒。請練習著這麼說說看吧！

伸手不打笑臉人，請求前記得先微笑

如果你真的非常需要別人的支援，不管自己的心中有多五味雜陳，在拜託別人前，一定要記得面帶微笑。只要能以和緩的語氣微笑著說：「能不能幫我這個忙呢？」大部分的人也都會笑著回應：「沒問題。」但如果臭著臉又用不悅的態度跟別人說話，就算是再簡單的請求，想必也沒有人會答應吧！

即便是再困難的事情，用愉悅的神情表達，幾乎都能獲得善意的回應。就算對方無法答應，也會微笑著向你表示歉意，更不會有人因此感到不愉快。和善的表情是開啟良好溝通的基礎，根據美國先前的一項觀察研究也顯示，縱使對方的臉色再怎麼不好看，只要保持笑容，不久之後對方也會回以微笑。所以不要害怕拿熱臉去貼冷屁股，和善示人就對了！

另一個讓他人輕易點頭的秘訣，就是不露痕跡的在請求中加入對他的讚美。例如，你的愛車臨時需要進場維修，聽說朋友的朋友就在開修車廠，你想以較便宜的價格請對方幫忙時，就可以微笑著說：「我聽大仁說你們店裡的維修技術不僅非常專業，服務好而且價格又公道。因此想請你幫忙，不知道可不可以呢？」對方被你這麼一說，心情大好之際，當然也就不好意思拒絕你了。

讓被拜託的人開開心心地接受請求，對方也會心甘情願地協助你，甚至結果可能超乎期待。下一次當你還想請他幫忙時，成功的機率就會更高，真的是一舉數得。

好感度up教室

如何面對想求助又不知如何開口的情況？

O → 「我想請她幫忙，但彼此並不熟識，不好開口，因此可否請您代為轉達？」

Tip 請彼此都認識的朋友代為請託對方，不僅增加成功機率，也可避免尷尬。

X → 「這件事雖然令人難以啟齒，但我還是希望能麻煩您……。」

Tip 對方聽到你這麼說，也會感到尷尬，如果因故不得不拒絕你，更會讓他覺得不好意思。

用「如果」及「大家都……」問出他的真心話

真心要問第二次，
兩段式提問讓你更了
解對方的心！

我們在詢問他人的意見時，有時可能會遇到雖然被拒絕，但聽起來卻並非真心話的回答。

例如：你想在週末時邀約某位朋友出去玩，他卻說：「我很想去，但我媽媽應該不會答應，真是不好意思。」這個回答感覺上並不是真心話，但你又很希望他能夠答應，那麼到底該怎麼做才能聽到對方實際的想法呢？

這時就可以使用「假設語氣」。

你可以問：「那麼，如果你媽媽答應的話，你是不是就可以一起去了？」

這時，他會回答：「這個嘛……可是，那個地方感覺逛起來很累耶！」

用假設的方式，針對他提出的條件來問問題，通常就能得到比較接近真實的答案。這個方法尤其適用在對方不假思索就直接拒絕的情況，因為聽來並非真心話的拒絕理由，通常都另有隱情。如果你希望對方答應，就必須排除對方設下的障礙，才能根據真正的問題思考解決方案。

人們在被詢問到內心的想法時，通常會顧慮他人的評價：「如果我這麼說，別人會不會看不起我？」或者是：「我這麼說，會不會讓對方找不到臺階下？」由於種種的擔憂和不安，通常大家並不會一被問及，就說出自己真正的答案。所以想要問出對方的真心話，就需要一點點技巧來幫忙。除了運用假設語氣來提問，如果想詢問對方的真實感想，也可以把問題的主角轉成「大家」或「多數人」，當成別人的事來問。

比方說，想要問對方是不是個花心男（女），當然不可以直接問對方：「你會花心嗎？」但可以把問句改成這樣：「你覺得多數男（女）人都會花心嗎？」如此對方就會毫無顧忌的說出自己真正的意見了。

越隱私的事情，通常越不容易問到真相。但若是調轉矛頭，把問題指向眾人，那麼對方就會在答案中加入自己的意見。

因為我們不可能知道「大家」都是怎麼想的，所以說來說去，即使以為自己說的是別人的意見，到頭來其實還是自己的想法。

最糟的情況，卻是最接近真實的估算

當想知道對方的真實情況時，初次詢問後得到的答案都會過於樂觀。這是因為人們常常會不自覺地輕忽現實因素的影響，以致答覆與實際情況有出入。

這時，如果想得到比較接近現實的回覆，有幾種作法，其一是採用二段式的提問法，先問對方理想中是什麼樣子，再接著問實際的情形。

例如：你想知道對方選擇伴侶的條件，就可以問他：「你希望理想中未來的另一半應該是什麼樣子呢？」等對方回答完了，就再接著問：「那實際上你覺得會是什麼樣子？」這時通常得到的答案就會比較接近事實了。

另一種有效的作法，是尋問對方「最糟糕的情形」。例如：把「你認為自己當天可能會遲到多久？」改成「如果不幸碰到塞車，你認為最糟的情況下會遲到多久？」這樣就能夠推翻過於樂觀的預測，得到最接近實際的答案。

避免直言不諱，是人之常情。因為人們總是害怕實話太傷人（有時傷到的不僅是別人，也包括自己），因此不願意吐實。若是在理解這個前提的情況下和他人交往，就能夠以稍微寬容的心態去面對。就算對方說的可能不是真話，卻不代表他沒有真心以待。善意的謊言無關乎對錯，我們應該珍惜的，是隱藏其中那份體貼彼此的心意。

好感度up教室

想知道對方真正的想法，該如何提問？

O → 「你覺得大家對我的新髮型，會有什麼評語呢？」

Tip 擔心對方因為不想傷害你，而說出違心之論，可以用「其他人會怎麼想」代替直接詢問，會得到比較符合對方心意的回答。

X → 「你覺得我的新衣服怎麼樣？不可以說謊哦！」

Tip 就算請對方誠實說出感想，他也因為不好意思而說得言不由衷。

不經意的小出糗，讓對方更喜歡你

不完美也沒關係，有些小缺點反而顯得更平易近人。

大家總會以為公認的帥哥或美女，一定擁有眾多的追求者，但事實上，完美的帥哥美女反而經常乏人問津，也因此他們的交往對象常讓身邊的眾親友們跌破眼鏡。例如我的大學同學艾德，就屬於這一類倒楣的帥哥。

艾德不僅風度翩翩，還具備了所有女孩嚮往不已的三高條件：學歷高，身高高，收入也高，而且他還來自經濟實力雄厚的家庭。然而從認識他以來，他就一直維持單身狀態，令身邊的朋友們都感到十分不可思議。原本以為是他眼光太高，才老是找不到適合的另一半。但一問之下才知道，他被告白的次數不僅和自身條件不成比例，向心儀的女孩告白還數度被拒絕。看來帥哥的感情生活，並沒有我們所想得那麼春風得意，但這到底是怎麼一回事呢？

其實，我們雖然會欣賞帥哥、美女，但真正會心生好感的，卻是與自己有著相似特點的人。所以我們身邊的伴侶不僅不完美，還經常擁有各式各樣的缺點。這些缺點有時讓我們氣得牙癢癢，有時卻也會有：「真可愛！」的親近感，令我們感到熟悉而安全。但如果在身邊的另一半是個挑不出半點毛病的人，時不時就會令自己覺得比不上、自慚形穢，又有誰會喜歡這種感受呢？

所以，不要害怕別人會討厭或恥笑你的缺點，偶爾露出自己樸拙的那一面，反而會讓他人覺得你很有親和力，變得更加喜歡你。

但就如同世間所有的事一般，過與不及都會造成反效果。過分強調自己的優點，他人會認為你太過自傲；一直突顯自己的缺點，也很容易會遭人鄙視。因此適度拿捏自己在人前的表現，是增進人際關係相當重要的技巧。

那麼，到底該怎麼做才是最好的呢？對此心理學家們曾進行過研究，因而得知當人們在展現自我的時候，言談間提及自己優點與缺點的比例應在6：4之間，最能博得他人好感。意即在溝通時偶爾示弱，會讓對方覺得你很真誠，而對你產生好感。但是也不能因此句句都是牢騷抱怨，這樣反而會讓別人覺得你很沒自信哦！

自我解嘲是化解尷尬的良方

知名女歌手蔡琴從前在擔任廣播電台的主持人時，為了化解上節目受訪來賓的緊張情緒，經常會在言談間穿插小笑話以緩和現場氣氛。

某次，她為了拉近與現場來賓的距離，便問他們：「各位，你們在見到我本人之後，有沒有發現我和在電視上有什麼不一樣？」來賓們你看我、我看你，都搖著頭說不知道。

蔡琴於是接著說：「那就是，我有一個『很大』的『櫻桃小嘴』。」在場的人們頓時笑成一團，場面也瞬間輕鬆了起來。

這便是自我解嘲的妙用。拿自己開玩笑，不僅會讓他人覺得你幽默風趣、親和力十足，也不會因此傷及他人。擅長自我解嘲的人，不會以自己的缺點為恥，並且相當有自信，認為「這個缺點就是我的特色」，所以總能博得滿堂喝采。若是自覺不具備幽默感，那麼自我解嘲就是訓練幽默視角的最好途徑。

你可以在談話時插入與自己有關的趣事或過往的糗事，不僅能提起對方的興致，還會讓讓溝通氛圍顯得更活潑。例如，我曾聽過一位其貌不揚的男同事，在自我介紹時告訴大家：「我的朋友們都叫我『帥哥』，因為『我帥的部分被割掉了』。」

要是出現令人尷尬的場面時，也可以運用幽默替自己解圍。有了笑聲，尷尬也蕩然無存了。

據說大音樂家蕭伯納某次在街上被一輛車撞倒在地，對方驚慌的向他道歉，他卻起身拍拍屁股說：「先生，您的運氣還真不好，若是把我撞死了，您就能名揚四海了呢！」

事實上，出糗並不是什麼丟臉的事情，真正令人苦惱的是一直將無心之過耿耿於懷。每個人都會有缺點，而學習與這些缺點共處，是我們一輩子必修的功課。有些人會刻意彰顯身上的優點，藉以掩蓋甚至避開自己的缺點，但無論如何隱藏也總會有藏不住的時刻。選擇逃避，反而會因此顯得自己更狼狽。

唯有真誠以對，才會真正受眾人喜愛。不妨偶爾將缺點當成自己獨一無二的特色，如此一來，即使在人前不小心出了糗，也不會顯得過於尷尬，更不會因此減損了你的自信。無論你的優缺點有多少，看在關愛你的人眼中，你就是這世間最獨一無二的存在。

好感度up教室

被他人嘲笑時，該如何幫自己解套？

O ➜「我度量很大，當然心寬體胖，所以我不會介意你這麼說的。」

Tip 將缺點與正面的好處做連結，以此回應對方。

X ➜「請不要再說這種話，你並不會比我更好。」

Tip 如果接受他人挑釁，場面只會變得越來越難以收拾。

讓八卦幫你傳達不敢當面說的話

流言總能引人好奇，想傳達的事就讓大家都來幫你說。

我不得不說，流言蜚語的威力實在讓人可愛又可恨。大家都知道在別人背後閒言閒語不是好事，但每次有什麼八卦或花邊新聞時，總會有一堆人即使事不關己，卻要豎起耳朵偷聽，甚至湊一腳加入討論。

美國東北大學的傑克·雷文博士曾對大學生做過一項調查：他讓研究人員在中午時段到宿舍交誼廳觀察學生們交談，為期八週，並將觀察情形進行統計。結果顯示，這些學生裡，有71%的女性及64%的男性談論的話題都是別人的八卦傳言。

看來，不管是男人或女人，談論別人的話題都能引起他們的興趣。

雖然我們對八卦的印象通常是負面的，但它的力量其實亦正亦邪，端視我們想傳遞的訊息和表達形式而定。

所謂的流言，就是利用口耳相傳的方式讓他人得知想傳達的訊息，因此如果有什麼話不好意思當面跟對方說，就可以透過流言間接讓對方了解你的心意。

不方便直接告訴對方的訊息有很多種，其中一種是規勸的話。假設你發現，有個沒公德心的鄰居總是在溜狗時讓小狗隨地便溺，又不順手清理，導致環境髒亂不堪。你無法容忍這件事，又覺得當面勸戒他會傷害鄰居間的和氣，這時就可以在住委會開會時散佈這種流言：「不知道是哪一家養的狗，最近老是在我們社區胡亂大小便，那個飼主是不是不知道要是被環保局抓到，最高可處以六千元的罰金？據說已經有鄰居受不了了，準備當場拍下照片來舉發他呢！」相信當對方聽到這段話，肯定就會收斂許多了。

還有一種是羞於直接向對方表示好感或讚美。要是你對隔壁部門的喬伊很有好感，又不好意思當面跟她說，不妨在同事間閒聊的時候，對她大加稱讚，藉以表露你的好感：「喬伊的個性親切大方、舉止文雅，又很樂於助人，是我心目中理想女性的代表。」

這時，即使你沒有直接說出：「我喜歡喬伊。」也一定會有人偷偷跑去告訴她：「隔壁部門的某某，好像喜歡上你了哦！」當然，喬伊要不要回應你的心意，就得看你的努力囉！

巧妙利用流言，讓消息自動傳出去

由於傳聞就是透過眾人的討論、加油添醋來散佈，訊息的內容難保不會在傳遞的過程中被扭曲、出現誤差，因此在利用八卦的時候，還是要注意說話的內容和方式，以避免遭到有心人士利用，好心也變成惡意。

如果想要傳遞的是正面的訊息，就要用正向、確定的語氣表達，而不要使用「好像、似乎、還可以」這一類模稜兩可的用語，否則傳到對方耳裡卻變了調，就得不償失了。

另外，具有針對性的言論也要盡量避免。這一類的傳言不但會使當事者感到非常不舒服，也容易引起反彈。即使對方一時做了負面示範，還是應該體諒別人的心情。如果不是在特殊情況下，請盡量不要把矛頭明白的指向對方。

不過即使是討人厭的八卦，也有好用的時候。像是某些知名人物，就會刻意散佈有關自己的傳聞，搶占新聞版面引起公眾注意，或是增加親和力，讓人們覺得他十分親民。

當傳言經過各方說法加油添醋之後，就形成了所謂的輿論。擅於運用輿論的人，會以此增加他人對自己的好感，先放出對自己有益的風聲，讓這份好感在人群中漸漸發酵，讓更多人因此更加喜歡他，這便是反向操作「輿論的力量」後所帶來的結果。八卦會因傳遞內容不同而有不同的效果，只要在表態時盡量選擇立場明確的用語，你的心意對方一定接收得到。

好感度up教室

如何傳達不適合當面說又必須告知對方的訊息？

O →「清潔人員在抱怨垃圾分類最近做得不太好，真希望偷懶的人儘快改善呢！」

Tip 運用傳言幫你轉達，不必當面說也能達到效果。

X →「有人看到王小明亂丟垃圾，真是沒有公德心。」

Tip 在流言中指名道姓，會讓對方下不了台，要盡量避免。

國家圖書館出版品預行編目資料

不做作，用真話換真心 / 何筱韻著. -- 初版. -- 新北市 : 啟思出版, 2014.05

面；　公分

ISBN 978-986-271-498-0(平裝)

1.說話藝術　2.溝通技巧　3.人際關係

192.32　　　　　　　　103007004

啟思 Cheese Group

不做作，用真話換真心

出 版 者 ◤啟思出版
作　　者 ◤何筱韻
品質總監 ◤王寶玲
總 編 輯 ◤歐綾纖
文字編輯 ◤劉汝雯、蔡羽筠
美術設計 ◤蔡瑪麗
內文排版 ◤新鑫電腦排版工作室

本書採減碳印製流程
並使用優質中性紙
（Acid & Alkali Free）
最符環保需求。

郵撥帳號 ◤50017206 采舍國際有限公司（郵撥購買，請另付一成郵資）
台灣出版中心 ◤新北市中和區中山路 2 段 366 巷 10 號 10 樓
電　　話 ◤(02) 2248-7896　　傳　　真 ◤(02) 2248-7758
I S B N ◤978-986-271-498-0
出版日期 ◤2014 年 5 月

全球華文市場總代理 ◤采舍國際
地　　址 ◤新北市中和區中山路 2 段 366 巷 10號 3 樓
電　　話 ◤(02) 8245-8786　　傳　　真 ◤(02) 8245-8718

全系列書系特約展示
新絲路網路書店
地　　址 ◤新北市中和區中山路2段366巷10號10樓
電　　話 ◤(02) 8245-9896
網　　址 ◤www.silkbook.com

線上 pbook&ebook 總代理 ◤全球華文聯合出版平台
地　　址 ◤新北市中和區中山路 2 段 366 巷 10 號 10 樓
主題討論區 ◤www.silkbook.com/bookclub　● 新絲路讀書會
紙本書平台 ◤www.book4u.com.tw　● 華文網網路書店
電子書下載 ◤www.book4u.com.tw　● 電子書中心 (Acrobat Reader)